DE "SALAFIE" BEWEGING *ONTSLUIERD*

Door
Sheich Muhammad
Hisham Kabbani

AS-SUNNAH FOUNDATION OF AMERICA

© Copyright 2008 As-Sunnah Foundation of America

All rights reserved. No part of this book may be reproduced, stored in a retrieval system, or transmitted in any form, or by any means, electronic, mechanical, photocopying, or otherwise, without the written permission of ASFA.

Library of Congress Cataloging-in-Publication Data Forthcoming.

Published and Distributed by:
As-Sunnah Foundation of America

17195 Silver Parkway, #401
Fenton, MI 48430 USA
Tel: (888) 278-6624
Fax:(810) 815-0518
Email: staff@sunnah.org
Web: http://www.sunnah.org

First Edition: July 2008
ISBN: 978-1-930409-60-6

Introductie 4
Wie Zijn de Salafisten? 6
1 Salafisten Verbergen Zichzelf in Anonimiteit om zo Moslims te Beschuldigen 10
2 Zij Misbruiken Koran Tegen de Moslims 14
3 Zij Verzinnen Ongefundeerde Uitspraken van Kufr 16
4 Zij Beweren dat Naqshbandi's Shirk Begaan Maar Misschien Maken zij zich Zelfs Schuldig aan Kufr! 19
5 Zij Citeren Alleen een Deel, om zo iets Anders in Kaart te Brengen dan Hetgeen er Werkelijk Bedoeld Wordt 24
6 Door de Woorden van de Koran te Veranderen Schrijven zij Antropomorfisme toe aan het Islamitisch Geloof 33
7 De *Mujassima* Beschuldigen de Ahl al-Soeena van *Tajsim*! 39
8 Zij Ontkennen dat de Laatste Dag Naderbij is 44
9 Zij Ontkennen de Gelijkheid van Alle Mensen Binnen Allah's Schepping 55
10 Zij Ontkennen de Status van de Profeten als Zijnde Bemiddelaars Tussen Allah en de Schepping 59
11 De Realiteit dat er Tussenpersonen Zijn op de dag des Oordeels Ontkennen Zij 68
12 Zij Ontkennen dat Bemiddeling met Allah's Toestemming ons kan Helpen Tegen het Vuur 76
13 Zij Geloven dat er in Islam Geen Kennis Voor hen Verborgen is 82
14 Zij Citeren Koran Tegen Hadies 89
Conclusie 98
Over de Schrijver 105

Introductie

Alle lof zij aan Allah die in elke eeuw de vernieuwingen stuurt binnen Zijn religie om de innovaties af te weren en de misleidingen recht te trekken. Moge de vrede en zegeningen van Allah met Profeet ﷺ Mohammed ﷺ, zijn familie en metgezellen zijn die na de Profeet ﷺ de beste van de schepping zijn. Abu Bakr ibn Abi Zuhayr overleverde van zijn vader dat hij zei: ik heb Allah's boodschapper (*Salalahu Aleihi Wa Salaam* ﷺ, moge de vrede en zegeningen van Allah met hem zijn) bij een onderhandeling in Ta'if horen zeggen: "dat je heel goed kan onderschatten wie de mensen zijn van het paradijs ten opzichte van de mensen van het vuur en de beste onder jullie ten opzichte van de slechtste". Een man riep: "hoe oh boodschapper van Allah?" Hij beantwoorde het met: "door het prijzen (van de eerstgenoemde) en het niet prijzen (van de laatstgenoemde). Jullie zijn de getuigen van elkaar hier op aarde." Ibn Majah overleverde het met een goede keten aan overleveraars in zijn *Sunan*, het boek over *Zuhd*.

حَدَّثَنَا أَبُو بَكْرِ بْنُ أَبِي شَيْبَةَ حَدَّثَنَا يَزِيدُ بْنُ هَارُونَ أَنْبَأَنَا نَافِعُ بْنُ عُمَرَ الْجُمَحِيُّ عَنْ أُمَيَّةَ بْنِ صَفْوَانَ عَنْ أَبِي بَكْرِ بْنِ أَبِي زُهَيْرٍ الثَّقَفِيِّ عَنْ أَبِيهِ قَالَ خَطَبَنَا رَسُولُ اللَّهِ صَلَّى اللَّهم عَلَيْهِ وَسَلَّمَ بِالنَّبَاوَةِ أَوِ الْبَنَاوَةِ قَالَ وَالنَّبَاوَةُ مِنَ الطَّائِفِ قَالَ يُوشِكُ أَنْ تَعْرِفُوا أَهْلَ الْجَنَّةِ مِنْ أَهْلِ النَّارِ قَالُوا بِمَ ذَاكَ يَا رَسُولَ اللَّهِ قَالَ بِالثَّنَاءِ الْحَسَنِ وَالثَّنَاءِ السَّيِّئِ أَنْتُمْ شُهَدَاءُ اللَّهِ بَعْضُكُمْ عَلَى بَعْضٍ *

Het is zeker geen geheim voor ons dat de Naqshbandi tariqat de laatste jaren hevige aanvallen kreeg van de in Islamitische kledingdracht vermomde vijanden van Islam, en dan met name van hen die de nobele naam van de Salafs onrechtmatig gebruikt hebben door henzelf onverdiend de naam "Salafisten" toe te eigenen. En dit omdat Allah te midden van alle moslimgroeperingen de islam heeft vernieuwd, de soenna heeft bewaard, en de Tassawuf weer heeft doen herleven door de meest voornaamste Naqshbandi beweging te eren, dat door middel van de persoon en leiding van de meest Heilige van deze tijd Sheich Mohammad Adil Nazim al-Qubrusi Al-Haqqani. Wij zijn de getuigen hiervan. En het is dan ook niet vreemd te zien wanneer islam aangevallen wordt de vijanden ervan zich dan ook keren tegen de vooraanstaande vertegenwoordigers en hoogste voorbeelden temidden van de moslims.

Wie Zijn de Salafisten?

Nuh Keller schreef in een artikel: Wie of wat is een Salafist? Is hun benadering juist?

Het woord Salafist of "vroegere moslims" betekent in de traditionele islamitische leer, iemand die binnen de eerste vier honderd jaar na de Profeet ﷺ gestorven is. Wat dus ook geldt voor geleerden zoals imam Hanifa, Malik, Shafi en Achmad ibn Hanbal. De mensen die hierna stierven werden *Khalaf* ofwel "latere moslims" genoemd.

De term "Salafist" is later wel weer in gebruik genomen door de "later [verschenen] moslims", die een nieuwe beweging begonnen en met de naam Salafisten trachtte iets te willen zeggen. Zij waren volgelingen van Mohammed Abdu (een student van Djamal al-Din al-Afghani) ongeveer 13 eeuwen na de Profeet ﷺ, plus minus 100 jaar geleden. Zoals ook vergelijkbare groeperingen die in het verleden ontstonden, was een van hun voornaamste beweringen dat Islam niet goed werd begrepen door voorgaande moslims vanaf de tijd van de Profeet ﷺ.

Volgens de Salafistische ideologie is een Salafist dan ook iemand met speciale kennis, of een die mogelijkheid heeft het geloof te belijden van de Salaf's boven de meerderheid van de gewone moslims. Daarbij hebben ze ook zelf uitgekozen leiders van de laatste tijd.

Natuurlijk heeft deze op illusie gebaseerde betekenis veel vragen opgeroepen bij de overgrote meerderheid soennitische moslims. Zelfs de naam Salafist zoals de Salafistische beweging dat zelf ziet, is door de Ahle Soenna (mensen van de soenna) verworpen op basis dat het een nieuwe benaming is, die Ahle Soenna nooit gebruikt hebben en die sinds tientallen jaren weer in gebruik is genomen.

Dr. Sa'id Ramadan al-Buti van Damascus schreef hier zelfs een boek over genaamd *"al-salafiyya marhalatun zamaniyyatun mubarakatun la madhab islami"* (het *Salafisme* is een gezegende tijd in de geschiedenis, niet een islamitische school).

Waar de Ahle Soenna nog meer in verschillen met de Salafisten, zijn de zelf uitgekozen geleerden die zogenaamd heel de islamitische leer vertegenwoordigen sinds de tijd van de echte Salaf's. Waarbij zij deze controversiële geleerden boven de erkende niet controversiële Ahle Soenna geleerden uit de periode vooraf tot op heden prijzen. De controversiële geleerden zijn:

- Ibn Taymiyyah en zijn volgeling Ibn al-Qayyim
- Mohammed Ibn Abd al-Wahhab en zijn afstammelingen uit Nadj
- Bin Baz, Uthaymin, Albani en zijn propagandeersnaren

De hierboven vermeldde beschuldigingen kun je terug vinden in een van hun boeken genaamd "een korte inleiding in de Salafistische Da'wah" (ipswich, UK: Jam'iat Ihyaa' Minhaaj al-Sunnah, 1993) *Pag. 2 - De "Salafisten" plaatste imam al-Dhahabi naast Ibn Taymiyyah en diens volgeling.*

De soennieten zijn het hier niet mee eens, ten eerste omdat zij niet uit de tijd van de Salaf's afstammen, en ook geen vertegenwoordigers van het geloof en of gewoontes van de Salaf's zijn, of gezien worden als volwaardige autoriteiten door de Ahle Soenna. En bovendien is de verwerping van de eerste drie een bekend fenomeen onder de vele geleerden, zoals ook de innovaties en blunders van Ibn Taymiyyah. Een van de belangrijke punten hierin is dat, al-Dhahabi die naast Ibn Taymiyyah in bovengenoemde wordt aangehaald, verklaarde dat Ibn Taymiyyah zelf vol innovaties zat. Zijn letterlijke woorden waren:

> Hij [Ibn Taymiyyah] was een zeer positieve en uitblinkende geleerde; zeer nauwkeurig in zijn intellectuele onderzoeken. Maar maakte zich

schuldig aan het introduceren van innovaties binnen Islam (*mubtadi*).

Deze woorden zijn opgeschreven door de hadiesgeleerde Sakhawi in zijn boek *al-I'lan w al-tawbikh*. Dhahabi deed afstand van de fouten van Ibn Taymiyyah in zijn werk *al-Nasiha al-dhahabiyya*, die in 1347 in Damascus gepubliceerd werd, samen met zijn *Bayan zaghal al'il*[1] Ibn Hajar vermeldde Dhahabi's *Nasiha* in *al-Durar al-Kamina* (1:166) zo ook deed al-Sakhawi dat in *al-I'lan wa al-Tawbikh* (p.504). Er zijn twee bestaande *Nasiha* manuscripten en deze worden bewaard in Cairo in de *Dar al-Kutub al-misriyya* (#B18823) en in de *Zahiriyya* bibliotheek (#1347) te Damascus.

Een van de meest definitieve bewijzen dat de "*Salafisten*" het meest afgeweken zijn in relatie tot de vrome Salaf is op te maken uit de volgende vijf fundamentele aspecten van de *Salafistische* ideologie:

- Antropomorfisme betreffende de eigenschappen van Allah: door een plaats, richting en lichaamsdelen toe te schrijven aan Allah de Almachtige, Die ver Verhevener is in relatie hiertoe.

- Geen respect hebbende voor de Profeet ﷺ

- Een amateuristische benadering aangaande de Koran en Hadies (het niet nodig hebben van geleerden, kennis van het Arabisch, *Ijaza* - traditionele erkenningen of van Islamitische wetenschappen).

- Haat betreffende de vier Soennitische rechtsscholen (*Madhabs*), de twee scholen van theologische tradities (Ash'aris en Maturidis), en alle scholen van zelfreiniging (*Tasawwuf*).

- Het gebruik van *takfir*: andere moslims bestempelen als ongelovige.

---

[1] Dhahabi, *Bayan zaghal al-`ilm wa al-talab. Wayalihi al-Nasiha al-Dhahabiyya li Ibn Taymiyya* Damascus: Qudsi, 1347 <1928 of 1929

Mohammed al-Abbasi legde in een stuk genaamd Protestants Islam uit, dat "Salafisten" hoofdzakelijk Westerse modernisten zijn die afstand willen doen van hun authentieke zeer "rommelige" verleden, ten gunste van een niet authentieke maar "hygiënische" verleden waarbij zij zichzelf willen identificeren op een jeugdige revisionistische manier, met de vrome Salaf's.

> Met een uitgesproken mening die zij uit het westen hebben en gemotiveerd door een duizelingwekkend enthousiasme dat hen voor de fijnere aspecten van de klassieke erfenis verblindde, verklaarde de fundamentalisten dat zij de Islam van de mensen heel slordig vonden. Tja, waarom dan niet gewoon even alle middeleeuwse Islamitische ontwikkelingen van de kaart vegen en een heel nieuwe gestroomlijnde Islam creëren, die dan als ideologie naast het Marxisme, Kapitalisme en een seculier nationalisme plaats neemt?! Om dit te kunnen bereiken besloten zij dus dat de vier Madhabs (rechtsscholen) moesten verdwijnen. Zo ook voor de Ash'arische en Maturidische theologische tradities. De Soefies die toch vaak te spectaculair en rommelig waren moesten ook van de kaart. In feite kon gemiddeld negentig procent van de traditionele Islamitische literatuur regelrecht de versnipperaar in. En wat men hoopte over te houden zou een Islam van de Profeet ﷺ zijn, uitgekleed van het ongekende die voor een gemoderniseerde Islamitische wereld zou moeten gelden.

Helaas zien we dat een van de voornaamste activiteiten die de revisionistische "Salafisten" nu doen, nadat hun voorgangers de *Wahhabisten* dat deden, is de islamitische broeders als *Kafier* (Goddeloos) te bestempelen, enkel alleen maar omdat zij niet op één lijn zitten. Het schadelijk klein boekje dat de reden is achter de huidige weerlegging is een goed voorbeeld hiervan. Maar van Allah komt al het succes.

1

Salafisten Verbergen Zichzelf in Anonimiteit om zo Moslims te Beschuldigen

De vijanden van Islam camoufleren hun aanvallen door net te doen alsof zij de zuivere Islam verdedigen; nochtans stellen zij zich bloot ondanks ze beweren de vrome Salaf's te volgen, door de vrees hun daadwerkelijke namen te signeren en voor hun uitspraken ter verantwoording te worden geroepen, hoewel dit in Islam aangaande beschuldigingen van bedrog verplicht is!

Moslims weten dat een anoniem rapport vanuit de Shari'a waardeloos is en dus verworpen wordt.

Maar ondanks dat kiezen zij toch voor een laffe koers met kwade bedoelingen: waarbij zij een lasterlijk boekje publiceren en distribueren tegen de Naqshbandi Moslims en waarbij zij tegelijkertijd zich terugtrekken van alle verantwoordelijkheden aangaande roddels. Zij beschuldigen mensen van *Tawhied* (eenheid) voor *Kufr* (goddeloosheid) – de ergste beschuldiging dus vanuit een anoniem standpunt! - Denken zij dat als zij zich van moslims verschuilen Allah niet precies weet wie zij zijn?

Een van de meest recente aanvallen van de Salafisten is niet aan ons voorbij gegaan; het doet zich voor in de vorm van een 19 pagina's dik boekje genaamd **De Naqshbandi Tariqat ontsluierd**, gepubliceerd door al-Hidaayah, 242 2/1 Galle Road, Colombo - 6, Fax: 502678, Sri Lanka.

Dit boek is een meesterwerk van valse beschuldigingen tegen moslims, en tot al onze oprechte broeders en zusters in Islam die dit boek tegenkomen zeggen wij: wees gewaarschuwd voor de anonieme deceptie en meineed hierin. De Profeet ﷺ heeft ons expliciet gewaarschuwd voor de hypocrieten die met een gladde tong de Koran en Hadies citeren en daarmee het geloof van de oprechte mensen doen wankelen.

"Wat ik het meest vrees voor mijn gemeenschap, is de hypocriet met een **uitgekiende** tong". - met een goede keten aan overleveraars is dit door Achmad overlevert in zijn *Musnad*.

> حَدَّثَنَا أَبُو سَعِيدٍ حَدَّثَنَا دَيْلَمُ بْنُ غَزْوَانَ حَدَّثَنَا مَيْمُونٌ الْكُرْدِيُّ حَدَّثَنِي أَبُو عُثْمَانَ النَّهْدِيُّ عَنْ عُمَرَ بْنِ الْخَطَّابِ رَضِيَ اللَّهُم عَنْهُم أَنَّ رَسُولَ اللَّهِ صَلَّى اللَّهُم عَلَيْهِ وَسَلَّمَ قَالَ إِنَّ أَخْوَفَ مَا أَخَافُ عَلَى أُمَّتِي كُلُّ مُنَافِقٍ عَلِيمِ اللِّسَانِ *

De uitgekiende Salafisten hebben stukken uit verschillende boeken verzameld die zij zorgvuldig uit hun context haalden, en vervolgens onder rubrieken als NAQSHBANDI GELOOF en rubrieken als ISLAMITISCHE GELOOF plaatsten. Door dit misleidende contrast hebben zij willen insinueren tussen NAQSHBANDI en ISLAMITISCH dat Naqshbandi's dus geen Moslims zijn.

De Profeet ﷺ zei, zoals verschillende malen door Abu Hurayra en Ibn Omar in Bukhari en Muslim in hun overlevering stelden, dat: "degene die zijn (moslim) broeder Kafier noemt, deze beschuldiging de waarheid bevat van één van hen of dit over degene gaat die het aanhaalde." Malik vertelt ook in zijn *Muwatta* dat de Profeet ﷺ gevraagd werd "of een gelovige een lafaard kon zijn?" Hierop zei hij: "Jazeker". Toen werd hem weer gevraagd "of een gelovige een misser kon zijn?" en wederom antwoordde hij met "jazeker". Toen werd hij gevraagd "of een gelovige een leugenaar kon zijn?" Hierop zei hij "nee".

> (رواية البخاري) حَدَّثَنَا إِسْمَاعِيلُ قَالَ حَدَّثَنِي مَالِكٌ عَنْ عَبْدِاللَّهِ بْنِ دِينَارٍ عَنْ عَبْدِاللَّهِ بْنِ عُمَرَ رَضِيَ اللَّهُم عَنْهمما

> أَنَّ رَسُولَ اللَّهِ صَلَّى اللَّهم عَلَيْهِ وَسَلَّمَ قَالَ أَيُّمَا رَجُلٍ قَالَ لِأَخِيهِ يَا كَافِرُ فَقَدْ بَاءَ بِهَا أَحَدُهُمَا *
>
> (رواية مالك) و حَدَّثَنِي مَالِك عَنْ صَفْوَانَ بْنِ سُلَيْمٍ أَنَّهُ قَالَ قِيلَ لِرَسُولِ اللَّهِ صَلَّى اللَّهم عَلَيْهِ وَسَلَّمَ أَيَكُونُ الْمُؤْمِنُ جَبَانًا فَقَالَ نَعَمْ فَقِيلَ لَهُ أَيَكُونُ الْمُؤْمِنُ بَخِيلًا فَقَالَ نَعَمْ فَقِيلَ لَهُ أَيَكُونُ الْمُؤْمِنُ كَذَّابًا فَقَالَ لَا *

Het laat dus heel duidelijk zien dat de Salafisten suggereren dat Naqshbandi's met iets heel anders bezig zijn dan Islam, ondanks dat er in onze tijd niemand zoveel mensen tot Islam gebracht hebben zoals de sheichs van de Naqshbandi Tariqat. In hun introductie zeggen zij bijvoorbeeld [**onze vorm van benadrukken**]

Het gevaarlijkste van deze groep [de Naqshbandi's] ligt in het feit dat zij terwijl zij de Islamitische kleding dragen, bezig zijn deze [Islam] van binnenuit kapot te maken, en in hun ijdele poging proberen het licht van Islam te doven en Moslims daarbij van de realiteit van de religie te doen afwenden.

Het hierboven vermelde is de kern van deze valse beschuldigingen. Het ironische ervan is, ondanks alle valse beschuldigingen, dat **de Salafisten niet aan het feit zullen ontkomen dat zij zelden mensen tot Islam brengen, terwijl de Naqshbandi's die zij hier aanvallen duizenden en wel miljoenen tot islam gebracht hebben**! Sheich Mohammed Nazim Al-Haqqani bouwde ongeveer vijfentwintig jaar geleden de eerste grote moskee in Londen. En Sheich Nazim's vertegenwoordiger, Sheich Hisham Kabbani, staat erom bekend een conferentiezaal binnen te lopen vol met niet islamitische Amerikanen en Canadezen en niet eerder het gebouw te verlaten, alvorens de hele menigte *"ashadu an la ilaha ilallah, wa ashadu anna Mohammadan Rasulullah"* heeft gezegd. Maar goed, niets zal Shaytan nog meer ergeren dan dit soort beelden. En als gevolg zien we dat Shaytan bepaalde groepen vanuit zijn helpers naar voren schuift om aanvallen uit te voeren tegen de vrienden van Allah en vragen te stellen bij het geloof van de moslims. Het lasterlijke boekje *De Naqshbandi Tariqat ontsluierd* is zo'n aanval.

Alhamdulillah, dit boekje weerlegt feitelijk elke leugen die in hun aanval gevonden wordt en stelt de anti Islamitische aard van hun methodes en filosofie bloot. Men vraagt dat elke oprechte Moslim het op zich neemt om deze nuttige weerlegging in elke plaats te verspreiden waar anti Naqshbandi, dus "Salafistische" propaganda gevonden wordt. En al het succes komt van Allah.

2

Zij Misbruiken Koran Tegen de Moslims

De aanval wordt ingeleid met het volgende vers: *"En hij die zich tegen de boodschapper verzet nadat diens leiding hem duidelijk is geworden en die een andere weg dan die der gelovigen volgt. Wij zullen hem laten volgen wat hij wil en Wij zullen hem in de hel werpen. Dat is een kwade bestemming."* (4:115)

Door een vers te citeren die geopenbaard is voor de ongelovigen tegen de sheichs en de studenten van de Naqshbandi Moslims, hebben de Salafisten henzelf de betekenis gegeven van de woorden van Abd Allah ibn Omar, overlevering door Bukhari in zijn Sahih (authentieke) boek van de berouwhebbende afvallige (*istitabat al-murtaddin*): "Ibn Omar beschouwde de Khawariji (weglopers/afvalligen) en de ketters als de slechtste wezens in heel het universum, want zei hij: Zij namen verzen die oorspronkelijk geopenbaard waren voor de ongelovigen en pasten die toe op de gelovigen."

بَابُ قَتْلِ الْخَوَارِجِ وَالْمُلْحِدِينَ بَعْدَ إِقَامَةِ الْحُجَّةِ عَلَيْهِمْ وَقَوْلُ اللَّهِ تَعَالَى (وَمَا كَانَ اللَّهُ لِيُضِلَّ قَوْمًا بَعْدَ إِذْ هَدَاهُمْ حَتَّى يُبَيِّنَ لَهُمْ مَا يَتَّقُونَ) وَكَانَ ابْنُ عُمَرَ يَرَاهُمْ شِرَارَ خَلْقِ اللَّهِ وَقَالَ إِنَّهُمُ انْطَلَقُوا إِلَى آيَاتٍ نَزَلَتْ فِي الْكُفَّارِ فَجَعَلُوهَا عَلَى الْمُؤْمِنِينَ*

We hebben al eerder benadrukt dat de manier van deze aanval die tegen Moslims worden gebruikt totaal de normen van Shari'a negeert en typisch is voor de Khawarij of Separatist die vroeger ook al tegen het gezag van de Imam en Shari'a van Allah in gingen. Een recenter voorbeeld daarin is die van Mohammed ibn Abd al-Wahhab toen hij in opstand kwam tegen de Khalifa. Wij twijfelen er niet aan dat de huidige aanval ook afkomstig is van die mensen die zich liever associëren met de principes van het Wahhabisme, en vandaag de dag beter bekend als Salafisme, in plaats van de Ahl al-Soenna principes.

Nu zullen we ons gaan richten op alle valse beschuldigingen en deze één voor één bloot leggen, waarbij we met de hulp van Allah, de echte *shirk* en echte *kufr* zullen laten zien van hen die middels laster op anderen hun eigen bedrog proberen te verbergen.

3

Zij Verzinnen Ongefundeerde Uitspraken van Kufr

De eerste Salafistische aanval over *shirk* heeft betrekking op de uitspraak "Ik ben de waarheid." Op pag. 3 van het boekje zeggen zij:

> Op pag. 15 van het boek *De Naqshbandi Weg* staat er geschreven – "degene die deze ayah een keer leest zal een hoge rang en positie behalen, hij zal datgene krijgen wat profeten en heiligen niet konden krijgen en zullen het station bereiken van Abu Yazid al-Bistami de imam van de orde, die eens riep: "ik ben de waarheid (*Al-Haqq*)."

We zullen straks inshAllah nog even terugkomen op de uitspraak "hij zal datgene krijgen wat profeten en heiligen niet konden krijgen" wat de Salafisten hier onderstreept hebben. Maar eerst zullen we een volgend bezwaar weerleggen:

> De hierboven gedane uitspraak "ik ben de waarheid" is een duidelijk voorbeeld van *Shirk* (associëren) in relatie tot de namen en eigenschappen van Allah, omdat *Al-Haqq* in zijn absolute vorm één van de unieke eigenschappen van Allah is en niet toegeschreven kan worden aan welk schepsel ook, tenzij voorafgegaan aan het woord "*Abd*" wat "slaaf van" of "dienaar van" betekent.

Antwoord:

De beschuldiging dat een schepsel niet "ik ben de waarheid" mag zeggen, is één van de vele vergelijkbare vreemde kinderachtige uitspraken van de "Salafisten."

Om hun verklaring tegen te spreken dat "*Al-Haqq*" niet gebruikt mag worden door een schepsel, zullen we Allah's eigen woorden hierover citeren:

Wa qul ja'a AL-HAQQ wa zahaqa al-batil

En zeg de Waarheid is gekomen en valsheid is vergaan [17:81]

In tegenstelling tot wat zij beweren, gebruikt Allah de naam "*Al-Haqq*" niet alleen om zichzelf mee aan te duiden, maar ook voor de Profeet ﷺ en de heilige Koran.

Dit wordt bevestigd door hafiz al-Suyuti in *al-riyad al-aniqa* (p. 143-144):

> [naast de namen en eigenschappen van de Profeet ﷺ is er ook:] *Al-Haqq*: dit zeiden al-Qadi Iyad en Ibn Dihya. Allah de Verhevene zei: "*AL-HAQQ* is tot u gekomen van uw Heer" (10:108). "Totdat *AL-HAQQ* tot hen kwam en een duidelijke boodschapper (43:29)." "Zij hebben *AL-HAQQ* verloochend toen deze tot hen kwam (6:5)." Een van deze twee uitleggen is dat *AL-HAQQ* hier Mohammed ﷺ betekent en de andere de Koran. Allah zegt ook: "en het getuigenis te hebben afgelegd dat de boodschapper *HAQQ* was. En de hadith van Bukhari: "en Mohammed is *HAQQ*."

Alhamdulillah, dit bevestigt dat zij die beweren dat *AL-HAQQ* buiten Allah om niet gebruikt mag worden, liegen over Allah en Zijn Boodschapper. En Abu Yazid al Bistami (d. 261) is dus duidelijk op de hoogte van hun laster. Het kan ook niet anders als hij de Imam is van de Gods bewuste temidden van de Salafs en veelvuldig geprezen werd in de boeken van de Imams van de *Fiqh*, Hadies en *Tassawuf* tot op zo een zekere hoogte dat Imam Nawawi in Bustan Al-Arifin zei "als het toegestaan zou zijn dan had ik zijn uitspraken hebben vergeleken met Hadies."

Hieronder volgt een citaat waaruit blijkt dat Abu Yazid de laster van de Salafisten tegenspreekt en dit is een stuk geciteerd door iemand die de Salafisten zelf zien als hun leider en meester in de leer, namelijk; Ibn Taymiyyah. In het tweede volume van de complete editie van zijn *Fatwas* genaamd "*Majmu 'at al-fatawa al-kubra*" zegt Ibn Taymiyyah (pag. 396 – 397):

> Deze staat van liefde is de staat van vele mensen onder de mensen die Allah liefhebben of de mensen die naar Allah verlangen (*Ahl Al-irada*). Wanneer een dergelijke persoon opgaat in datgene waarvan hij houdt – dus Allah – zal hij door de intensiteit van zijn liefde, Allah aanroepen in plaats van zichzelf, en Allah gedenken in plaats van zichzelf, Allah visualiseren (*yastashhid*) in plaats van zichzelf te visualiseren en in Allah's aanwezigheid te leven in plaats van zichzelf. Wanneer hij die stadia bereikt heeft is hij niet bewust van zijn eigen bestaan. Daarom zegt hij dan ook in zo een staat ***ANA AL-HAQQ*** (ik ben de waarheid) of ***subhani*** (glorie aan mij) en ***ma fi al-jubba illa Allah*** (onder deze mantel bevindt zich niets anders dan Allah), omdat hij dronken is van Allah's liefde en het een blijdschap en vreugde is die hij niet meer in de hand heeft. Van zulke situaties is de pen van de Wet opgeheven.

Wij vragen deze anonieme Salafisten die beweren dat ANA *AL-HAQQ* tot *shirk* leidt of Ibn Taymiyyah beweert dat de *sharia shirk* toelaat? Of hebben jullie hier gewoon zelf een vorm van *shirk* verzonnen die jullie eigen Imam niet eens erkende?

4

Zij Beweren dat Naqshbandi's Shirk Begaan Maar Misschien Maken zij zich Zelfs Schuldig aan Kufr!

In hun aanval op het Naqshbandi orde citeren de "Salafisten" het volgende uit de Oceanen van de Genade - Deel I p. 33 de "Macht van de wali is dusdanig dat hij slechts Kun (wees) hoeft te zeggen en dat het zal zijn/gebeuren." Dan beweren zij: "dat het bovengenoemde een duidelijk voorbeeld van *Shirk* (vereniging met God) is ten opzichte van de heerschappij van Allah." Dit is wederom een ondoordachte valse beschuldiging die hun eigen verwarring aan het licht brengt betreffende de verschillen in heerschappij en de goddelijke gunst!

Antwoord:

1. Bovengenoemd citaat wordt niet gevonden in de Oceanen van de Genade - Deel I p. 33. Wij hebben de uitgave van 1980, die een duidelijke groene kaft heeft, bekeken die de enige uitgave van dat boek is en daarin is dat niet terug te vinden.

2. Om tegen iets "Kun (wees) te zeggen, waarbij het dan ook wordt", behoort op zichzelf alleen aan Allah, zoals leven uit de dood scheppen of dood uit het leven, nochtans, is het verplicht ook om te geloven dat Allah Zijn toestemming verleent aan wie hij wil zonder enig beletsel. Zoals Hij deed met Ibrahim (Abraham) toen hij de dode vogels tot leven riep met Allah's toestemming en zoals Hij deed met Isa (Jezus) toen hij de doden opwekte met Allah's toestemming.

De Profeet ﷺ zei, zoals in de overlevering door Abu Hurayra in *Sahih* van Bukhari en *Musnad* van Ahmad:

Allah zegt: Degene die dan ook vijandschap aan een van Mijn vrienden toont, zal Ik zeker de oorlog verklaren. Mijn dienaar komt niet dichter tot Mij, dan met de religieuze verplichtingen die ik hem heb opgedragen. En Mijn dienaar komt steeds dichter tot Mij met vrijwillige werken (onzelfzuchtige waar je niet zelf gebaat bij bent) totdat ik van Hem zal houden. Wanneer Ik van hem hou zal Ik zijn OREN zijn waarmee hij zal horen, zijn OGEN zijn waarmee hij kijkt, zijn HANDEN zijn waarmee hij reikt, en zijn VOETEN zijn waarmee hij loopt. **<u>Zou hij Mij wat vragen, zou Ik het hem zeker geven</u>**, en zou hij toevlucht zoeken tot Mij, zou Ik het hem zeker schenken…

(رواية البخاري) حَدَّثَنِي مُحَمَّدُ بْنُ عُثْمَانَ بْنِ كَرَامَةَ حَدَّثَنَا خَالِدُ بْنُ مَخْلَدٍ حَدَّثَنَا سُلَيْمَانُ بْنُ بِلَالٍ حَدَّثَنِي شَرِيكُ بْنُ عَبْدِاللهِ بْنِ أَبِي نَمِرٍ عَنْ عَطَاءٍ عَنْ أَبِي هُرَيْرَةَ قَالَ قَالَ رَسُولُ اللَّهِ صَلَّى اللَّهم عَلَيْهِ وَسَلَّمَ إِنَّ اللَّهَ قَالَ مَنْ عَادَى لِي وَلِيًّا فَقَدْ آذَنْتُهُ بِالْحَرْبِ وَمَا تَقَرَّبَ إِلَيَّ عَبْدِي بِشَيْءٍ أَحَبَّ إِلَيَّ مِمَّا افْتَرَضْتُ عَلَيْهِ وَمَا يَزَالُ عَبْدِي يَتَقَرَّبُ إِلَيَّ بِالنَّوَافِلِ حَتَّى أُحِبَّهُ فَإِذَا أَحْبَبْتُهُ كُنْتُ سَمْعَهُ الَّذِي يَسْمَعُ بِهِ وَبَصَرَهُ الَّذِي يُبْصِرُ بِهِ وَيَدَهُ الَّتِي يَبْطِشُ بِهَا وَرِجْلَهُ الَّتِي يَمْشِي بِهَا وَإِنْ سَأَلَنِي لَأُعْطِيَنَّهُ وَلَئِنِ اسْتَعَاذَنِي لَأُعِيذَنَّهُ وَمَا تَرَدَّدْتُ عَنْ شَيْءٍ أَنَا فَاعِلُهُ تَرَدُّدِي عَنْ نَفْسِ الْمُؤْمِنِ يَكْرَهُ الْمَوْتَ وَأَنَا أَكْرَهُ مَسَاءَتَهُ *

De Profeet ﷺ zei ook volgens overlevering door Abu Hurayra in Muslim's *Sahih*.

Dat het mogelijk is dat een onverzorgde dienaar de deur gewezen zal worden, maar als hij een eed moest afleggen bij Allah, Allah het zeker voor hem zou vervullen.

> حَدَّثَنِي سُوَيْدُ بْنُ سَعِيدٍ حَدَّثَنِي حَفْصُ بْنُ مَيْسَرَةَ عَنِ الْعَلَاءِ بْنِ عَبْدِ الرَّحْمَنِ عَنْ أَبِيهِ عَنْ أَبِي هُرَيْرَةَ أَنَّ رَسُولَ اللَّهِ صَلَّى اللَّهُم عَلَيْهِ وَسَلَّمَ قَالَ رُبَّ أَشْعَثَ مَدْفُوعٍ بِالْأَبْوَابِ لَوْ أَقْسَمَ عَلَى اللَّهِ لَأَبَرَّهُ *

3. Door het hierboven genoemde te ontkennen, hebben de "Salafisten" een limiet op de grootheid van Allah gezet om Zijn bevoegdheden aan één van Zijn dienaren te schenken om te doen wat normaliter slechts tot Hem behoort, en dit is de werkelijke *kufr*. Door de Naqshbandi's met *Shirk* te etiketteren, proberen zij in werkelijkheid hun eigen stommiteiten te camoufleren door anderen van niet bestaande enormiteiten te beschuldigen.

4. De uitspraak die zij met *shirk* bestempelden is voorheen ook uitgesproken door grote Islamitische personages uit het verleden, die de Salafistische autoriteiten zelf prijzen voor hun oprechtheid en status binnen de Ummah. Bijvoorbeeld Ibn Taymiyyah's grootmeester Abd al-Qadir al-Jilani, die het wel meerdere malen gezegd heeft in zijn boekwerken en het zelfs toeschreef aan Allah:

> Wanneer je conform Zijn wetten leeft/handelt dan zijn alle wezens aan jou gezag onderworpen, en wanneer jij je weerhoudt van al die verboden dingen, dan zullen alle afkerige dingen van jou vluchten, waar jij, je ook mag bevinden of verblijven. Allah (De glorieuze) zegt in één van Zijn boeken:

> O zonen van Adam, Ik ben Allah; niets buiten Mij is het prijzen waard. Ik zeg tegen iets "Wees" en dan komt het tot leven. Gehoorzaam Mij; en ik zal jou zo maken dat wanneer jij "Wees" zegt het ook daadwerkelijk zal gebeuren.

--Sheich `Abd al-Qadir al-Jilani, *Futuh al-ghayb*, Dertiende handeling, transcript Mukhtar Holland p. 37.

Dan zal Hij jou met de scheppende kracht bekleden, die je met duidelijke en een zekere toestemming mag beoefenen, met tekenen zo schitterend als het licht van de zon, met Zijn zoete woorden, zoeter dan alle zoetigheden bij elkaar, met ware en onmiskenbare inspiratie, onaangetast door de invloeden van de ego en de influisteringen van Satan (de vervloekte). Allah (de Verhevene) zegt in één van Zijn geschriften:

O zonen van Adam, Ik ben Allah; niets buiten Mij is het prijzen waard. Ik zeg tegen iets "Wees" en dan komt het tot leven. Gehoorzaam Mij; en Ik zal jou zo maken dat wanneer jij "Wees" zegt het ook daadwerkelijk zal gebeuren.

--Sheich `Abd al-Qadir al-Jilani, *Futuh al-ghayb*, Zestiende handeling, Holland transcript. p. 44.

De werkelijkheid van hetgeen Hij zegt – Almachtig en Glorieus is Hij: "wanneer iemand heel erg bezig is Mij te gedenken en Mij om wat dan ook te vragen, Ik hem het fijnste van hetgeen ik aan zij die vragen geef, zal geven" is nu bevestigd. Dit is de staat van opgaan (*fana*), wat de ultieme staat is van de *Awliya* (Heiligen) en de *Abdal* (letterlijk vertaald "plaatsvervanger"). In deze stadia is hij begiftigd met scheppende kracht, en wat hij dan ook nodig heeft zal zich manifesteren met Allah's toestemming. Zoals Hij (swt) zei in een van Zijn boeken:

O zoon van Adam, Ik ben Allah; er is geen God buiten Mij. Ik zeg tegen iets "Wees" en dan "wordt het". Gehoorzaam Mij; zodat Ik jou tegen iets ook "Wees" zal laten zeggen en het ook daadwerkelijk zal "worden".

--Sheich `Abd al-Qadir al-Jilani, *Futuh al-ghayb*, Zesenveertigste handeling, Holland transcript. p. 118.

Wij proberen zo deze anonieme lasteraars aan het licht te brengen zo dat wij op die manier kunnen aantonen wie *shirk* aan Sheich Abd al-Qadir Jilani toeschrijft naast andere verachtelijke daden. Beste lezer, weet dat Abd al-Qadir Jilani een van de autoriteiten binnen de Salafistische beweging is - Ibn Taymiyya in zijn *Majmu at al-fatawa al-kubra* hem "onze Sheich" (*Sheichuna*) en "mijn meester" (*Sayyidi*) noemt.

En waarover Imam al-Dhahabi in zijn *Siyar a'lam al-nubala* zegt:

> Al-Sheich Abd al-Qadir (al-Jilani): De Sheich, de Imam, de Geleerde, de *zahid*, de Kenner, de voorbeeldige, Sheich al-Islam, de voornaamste van alle heiligen... de Hanbali, de Sheich van Bagdad...
> Ik zeg: er is niemand temidden van alle grote Sheichs die meer spirituele stationen en wonderen (*karamat*) heeft dan Sheich Abd al-Qadir...

Nogmaals zullen we de Salafisten vragen: beweren jullie te zeggen dat Ibn Taymiyya en al-Dhahabi zich vergisten in hun prijzen betreffende Sheich al-Islam Abd al-Qadir al-Jilani, gezien hij niet één maal maar zelfs drie maal soortgelijke dingen citeerde van hetgeen jullie *shirk* noemen?

5

Zij Citeren Alleen een Deel, om zo iets Anders in Kaart te Brengen dan Hetgeen er Werkelijk Bedoeld Wordt

De "Salafisten" praktiseren *Qawl al-zur* – valse getuigenis (bewijzen) – door alleen deels te citeren, het onjuist aanhalen, buiten de context te citeren en over het algemeen woorden van anderen te knippen en plakken om zo iets anders te schetsen dan er werkelijk bedoeld wordt om vervolgens anderen vals te beschuldigen van laster. In hun schadelijk boekje gericht tegen de Naqshbandi Tariqah, beweren zij te citeren van pagina 1 uit het boek *The Naqshbandi Way* waarbij onze meester de sheich zegt dat wanneer een persoon erin slaagt vast te houden aan deze principes in onze tijd, hij zal behalen wat voorgaande generaties niet hebben bereikt... hij bereikt een verheven staat en een hoge rang, <u>één die de Profeet ﷺ zelf en de metgezellen onmogelijk konden bereiken.</u>

De "Salafisten" gaan dan nog even verder en zeggen: "De **afwijkende** bewering van het bereiken van een rang die de profeten zelf niet konden bereiken is een belangrijke deceptie van de Naqshbandiya die elke Muslim met zelfs een basis aan kennis van Islaam kan bevestigen, betreffende de metgezellen etc".

En om de onoplettende er zelfs nog meer in te misleiden, citeren de Salafistische aanvallers tegen de authentieke hadies van de Profeet ﷺ waarbij hij zegt: "de beste mensen zijn zij uit deze generatie, dan degenen die hen opvolgden en dan degenen die hen weer op hun beurt opvolgen".

Antwoord:

1. Deze geciteerde tekst is te vinden op pagina 14 van de standaard editie (één met een gele kaft en waar een islamitisch

ontwerp in een vierkant zit) van de boek *The Naqshbandi Way: A Guidebook for Spiritual Progress.* Wat de aanval doelbewust weglaat is dat de tekst die zij citeren **samenhangt met een uit vier pagina's bestaande voetnoot in kleine letters**, die de uitleg moet weergeven van de uitspraak! Zelfs als een Islamitisch kind deze voetnoot had gelezen zou hij het verschil tussen de verklaringen uit de *Naqshbandi Way* en de met kwaad bedoelde interpretatie van de anonieme aanvallers hebben begrepen.

Dit wetende, hebben de aanvallers het bewust weggelaten en alleen datgene geciteerd waarmee zij verwarring konden scheppen. Dit heet *fitna*, misleiden en valse getuigenis.

2. De Profeet ﷺ zei in een authentieke hadies dat zij (uit deze gemeenschap) die aan het eind der tijden aan de soenna vasthouden, allen een beloning zouden krijgen die gelijk zal zijn aan **vijftig van zijn metgezellen**. Deze overlevering door Tirmidhi (de boek *Tafsir al-Qur'an*), Abu Dawud (de boek *Malahim*), Ibn Majah (boek *fitnan*), al-Tabarani in *al-Majma al-Kabir* (17:117), al-Khatib al-Bagdadi in zijn *Tarikh* (8:426), Ibn Kathir in zijn *Tafsir* (3:208) en nog vele anderen.

(رواية أبى داود) حَدَّثَنَا أَبُو الرَّبِيعِ سُلَيْمَانُ بْنُ دَاوُدَ العَتَكِيُّ حَدَّثَنَا ابْنُ المُبَارَكِ عَنْ عُتْبَةَ بْنِ أَبِي حَكِيمٍ قَالَ حَدَّثَنِي عَمْرُو بْنُ جَارِيَةَ اللَّخْمِيُّ حَدَّثَنِي أَبُو أُمَيَّةَ الشَّعْبَانِيُّ قَالَ سَأَلْتُ أَبَا ثَعْلَبَةَ الخُشَنِيَّ فَقُلْتُ يَا أَبَا ثَعْلَبَةَ كَيْفَ تَقُولُ فِي هَذِهِ الآيَةِ (عَلَيْكُمْ أَنْفُسَكُمْ) قَالَ أَمَا وَاللَّهِ لَقَدْ سَأَلْتَ عَنْهَا خَبِيرًا سَأَلْتُ عَنْهَا رَسُولَ اللَّهِ صَلَّى اللَّهُ عَلَيْهِ وَسَلَّمَ فَقَالَ بَلِ ائْتَمِرُوا بِالمَعْرُوفِ وَتَنَاهَوْا عَنِ المُنْكَرِ حَتَّى إِذَا رَأَيْتَ شُحًّا مُطَاعًا وَهَوًى مُتَّبَعًا وَدُنْيَا مُؤْثَرَةً وَإِعْجَابَ كُلِّ ذِي رَأْيٍ بِرَأْيِهِ فَعَلَيْكَ يَعْنِي بِنَفْسِكَ وَدَعْ عَنْكَ العَوَامَّ فَإِنَّ مِنْ وَرَائِكُمْ أَيَّامَ الصَّبْرِ الصَّبْرُ فِيهِ مِثْلُ قَبْضٍ عَلَى الجَمْرِ لِلْعَامِلِ فِيهِمْ مِثْلُ أَجْرِ خَمْسِينَ رَجُلًا يَعْمَلُونَ مِثْلَ عَمَلِهِ وَزَادَنِي غَيْرُهُ قَالَ يَا رَسُولَ اللَّهِ أَجْرُ خَمْسِينَ مِنْهُمْ قَالَ أَجْرُ خَمْسِينَ مِنْكُمْ *

Deze hadies werd tevens authentiek verklaard door Albani in zijn *Silsila Sahiha* daarom hebben de tegenstanders geen ruimte gelaten om dit dan ook te ontkennen, gezien het feit dat wij weten dat hij degene is die zij liever volgen in plaats van de erkende Ahl al-Soenna autoriteiten.

De voetnoot die zij verbergen citeert de volledige hadies. Deze hadies spreekt op geen enkele manier dan ook de hadies tegen die de Salafisten aanhalen, middels een beschuldiging dat de tijd van de Profeet ﷺ de beste der tijden is, want dat zou het ongeldig maken, daarom vermeden zij dit!

De boven aangehaalde hadies werd tevens nog bevestigd met een heel andere bekende hadies; overlevering door Anas; dat de Profeet ﷺ zei:

> "De gelijkenis van mijn gemeenschap is net als de regen: het is niet bekend of dat het goede ervan in het begin ligt of in het stoppen ervan."

Overgeleverd door Tirmidhi bron de *Soenan* (boek van *Amthal*), in de *Sahih* van Ibn Hibban van Ammar ibn Yasir (#2307), in de *Musnad* van Ahmad te vinden op verschillende plaatsen (cf. 3:143, 4:319), Baghawi in *Sharh al-Sunna* (1:405), in de Kabir van Tabarani, de *Tafsir* van Ibn Kathir (7:493), in de Tarikh Baghdad (11:114) van al-Khatib, Abu Ya'la, al-Daraqutni, al-Bazzar, en Ibn Abd al-Barr. Deze laatstepersoon zei volgens al-Sakhawi in de *Maqasid* dat de gradatie *hasan* (redelijk) is, dit werd tevens bevestigd door de Hafiz Ibn Hajar, terwijl al-Bazzar zei: "dat er geen andere Hadies van de Profeet ﷺ overgeleverd is met een betere keten aan overleveraars".

(رواية أحمد) حَدَّثَنَا حَسَنُ بْنُ مُوسَى حَدَّثَنَا حَمَّادُ بْنُ يَحْيَى حَدَّثَنَا ثَابِتٌ الْبُنَانِيُّ عَنْ أَنَسِ بْنِ مَالِكٍ عَنِ النَّبِيِّ صَلَّى اللَّهم عَلَيْهِ وَسَلَّمَ أَنَّهُ قَالَ مَثَلُ أُمَّتِي مَثَلُ الْمَطَرِ لَا يُدْرَى أَوَّلُهُ خَيْرٌ أَوْ آخِرُهُ حَدَّثَنَا حَسَنُ بْنُ مُوسَى حَدَّثَنَا حَمَّادُ بْنُ سَلَمَةَ عَنْ

ثَابِتٍ وَحُمَيْدٍ وَيُونُسَ عَنِ الْحَسَنِ أَنَّ رَسُولَ اللَّهِ صَلَّى اللَّهم عَلَيْهِ وَسَلَّمَ قَالَ مَثَلُ أُمَّتِي فذكَرَهُ *

Het opmerkelijke van deze hadies is dat het tegelijkertijd de stilzwijgende ontkenningen van de Salafisten ten opzichte van de latere Soefies verwerpt, iets waarmee zij zichzelf willen onderscheiden. Want de Profeet ﷺ gaf hier kortom mee aan – en Allah is de Alwetende – dat sommige Soefies van de eindtijd wel hogere rangen mogen bereiken dan de voorafgaande.

4. De Profeet ﷺ zei ook:

> Wie leven geeft aan één van mijn Soenna's nadat het na mijn tijd in onbruik was geraakt, zal ook een beloning krijgen van al die mensen die het toepasten, zonder dat die van hen in mindering zal worden gebracht...[2]

حَدَّثَنَا عَبْدُ اللَّهِ بْنُ عَبْدِ الرَّحْمَنِ أَخْبَرَنَا مُحَمَّدُ بْنُ عُيَيْنَةَ عَنْ مَرْوَانَ بْنِ مُعَاوِيَةَ الْفَزَارِيِّ عَنْ كَثِيرِ بْنِ عَبْدِ اللَّهِ هُوَ ابْنُ عَمْرو بْنِ عَوْفٍ الْمُزَنِيِّ عَنْ أَبِيهِ عَنْ جَدِّهِ أَنَّ النَّبِيَّ صَلَّى اللَّهم عَلَيْهِ وَسَلَّمَ قَالَ لِبِلَالِ بْنِ الْحَارِثِ اعْلَمْ مَا أَعْلَمُ يَا رَسُولَ اللَّهِ قَالَ اعْلَمْ يَا بِلَالُ قَالَ مَا أَعْلَمُ يَا رَسُولَ اللَّهِ قَالَ إِنَّهُ مَنْ أَحْيَا سُنَّةً مِنْ سُنَّتِي قَدْ أُمِيتَتْ بَعْدِي فَإِنَّ لَهُ مِنَ الْأَجْرِ مِثْلَ مَنْ عَمِلَ بِهَا مِنْ غَيْرِ أَنْ يَنْقُصَ مِنْ أُجُورِهِمْ شَيْئًا وَمَنِ ابْتَدَعَ بِدْعَةَ ضَلَالَةٍ لَا تُرْضِي اللَّهَ وَرَسُولَهُ كَانَ عَلَيْهِ مِثْلُ آثَامِ مَنْ عَمِلَ بِهَا لَا يَنْقُصُ ذَلِكَ مِنْ أَوْزَارِ النَّاسِ شَيْئًا قَالَ أَبمو عِيسَى هَذَا حَدِيثٌ حَسَنٌ وَمُحَمَّدُ بْنُ عُيَيْنَةَ هُوَ مَصِّيصِيٍّ شَامِيٌّ وَكَثِيرُ بْنُ عَبْدِ اللَّهِ هُوَ ابْنُ عَمْرو بْنِ عَوْفٍ الْمُزَنِيُّ *

En hij zei ook:

---

[2] Tirmidhi *(hasan)*, Boek over de Kennis; al-Baghawi, *Sharh al-sunna* 1:233.

Wie leven geeft aan één van mijn Soenna's; houdt van mij en wie van mij houdt is met mij.³

> 2602 حَدَّثَنَا مُسْلِمُ بْنُ حَاتِمٍ الْأَنْصَارِيُّ الْبَصْرِيُّ حَدَّثَنَا مُحَمَّدُ بْنُ عَبْدِ اللَّهِ الْأَنْصَارِيُّ عَنْ أَبِيهِ عَنْ عَلِيِّ بْنِ زَيْدٍ عَنْ سَعِيدِ بْنِ الْمُسَيَّبِ قَالَ قَالَ أَنَسُ بْنُ مَالِكٍ قَالَ لِي رَسُولُ اللَّهِ صَلَّى اللَّهم عَلَيْهِ وَسَلَّمَ يَا بُنَيَّ إِنْ قَدَرْتَ أَنْ تُصْبِحَ وَتُمْسِيَ لَيْسَ فِي قَلْبِكَ غِشٌّ لِأَحَدٍ فَافْعَلْ ثُمَّ قَالَ لِي يَا بُنَيَّ وَذَلِكَ مِنْ سُنَّتِي وَمَنْ أَحْيَا سُنَّتِي فَقَدْ أَحَبَّنِي وَمَنْ أَحَبَّنِي كَانَ مَعِي فِي الْجَنَّةِ وَفِي الْحَدِيثِ قِصَّةٌ طَوِيلَةٌ قَالَ أَبمو عِيسَى هَذَا حَدِيثٌ حَسَنٌ غَرِيبٌ مِنْ هَذَا الْوَجْهِ .... *

5. Al het bovenstaande wordt nog meer bevestigd door de hadies van Abu Huraira in Muslim, Nasa'i, Malik en Achmad:

> Eens kwam de Profeet ﷺ bij de begraafplaats en zei: "Vrede zij met jullie, Oh woonplaats van de mensen die gelovig zijn. Wij zullen jullie zeker ontmoeten als Allah het wilt. **Wat verlang ik toch naar het zien van mijn broeders!** Toen vroegen zij [die met hem waren]: Oh boodschapper van Allah, zijn wij niet uw broeders? Waarop hij antwoordde: **Jullie zijn mijn metgezellen! Wat mijn broeders betreft, dat zijn zij die nog niet gekomen zijn**. Waarop zij zeiden: hoe zult u diegene uit uw gemeenschap die nog niet gekomen is dan herkennen, oh boodschapper van Allah? Hij zei: denk je dat een man met witte paarden die verlichte tekens op hun voorhoofden en benen hebben, ze niet zou herkennen tussen de rest van de paarden die donkerkleurig zijn? Jazeker, oh boodschapper van Allah! Hij vervolgde en zei: zij zullen komen met verlichte voorhoofden en ledematen als gevolg van

---

³ Tirmidhi *(hasan gharib)*, Boek over de Kennis.

hun reinigingen, en ik zal hun voorgaan (leidend) naar mijn vijver".

(رواية النسائي) أَخْبَرَنَا قُتَيْبَةٌ عَنْ مَالِكٍ عَنِ الْعَلَاءِ بْنِ عَبْدِ الرَّحْمَنِ عَنْ أَبِيهِ عَنْ أَبِي هُرَيْرَةَ أَنَّ رَسُولَ اللَّهِ صلَّى اللَّهم عَلَيْهِ وَسَلَّمَ خَرَجَ إِلَى الْمَقْبَرَةِ فَقَالَ السَّلَامُ عَلَيْكُمْ دَارَ قَوْمٍ مُؤْمِنِينَ وَإِنَّا إِنْ شَاءَ اللَّهُ بِكُمْ لَاحِقُونَ وَدِدْتُ أَنِّي قَدْ رَأَيْتُ إِخْوَانَنَا قَالُوا يَا رَسُولَ اللَّهِ أَلَسْنَا إِخْوَانَكَ قَالَ بَلْ أَنْتُمْ أَصْحَابِي وَإِخْوَانِي الَّذِينَ لَمْ يَأْتُوا بَعْدُ وَأَنَا فَرَطُهُمْ عَلَى الْحَوْضِ قَالُوا يَا رَسُولَ اللَّهِ كَيْفَ تَعْرِفُ مَنْ يَأْتِي بَعْدَكَ مِنْ أُمَّتِكَ قَالَ أَرَأَيْتَ لَوْ كَانَ لِرَجُلٍ خَيْلٌ غُرٌّ مُحَجَّلَةٌ فِي خَيْلٍ بُهْمٍ دُهْمٍ أَلَا يَعْرِفُ خَيْلَهُ قَالُوا بَلَى قَالَ فَإِنَّهُمْ يَأْتُونَ يَوْمَ الْقِيَامَةِ غُرًّا مُحَجَّلِينَ مِنَ الْوُضُوءِ وَأَنَا فَرَطُهُمْ عَلَى الْحَوْضِ *

6. Al het bovenstaande wordt verder nog meer bevestigd door de hadies van Abu Umama uit de *Musnad* van Imam Achmad met een authentieke keten:

> Gezegend is hij die mij zag en in mij geloofde, en zeven keer meer gezegend is hij die mij niet gezien heeft en vooralsnog in mij geloofde.

حَدَّثَنَا يَزِيدُ بْنُ هَارُونَ أَخْبَرَنَا هَمَّامُ بْنُ يَحْيَى عَنْ قَتَادَةَ عَنْ أَيْمَنَ عَنْ أَبِي أُمَامَةَ أَنَّ رَسُولَ اللَّهِ صلَّى اللَّهم عَلَيْهِ وَسَلَّمَ قَالَ طُوبَى لِمَنْ رَآنِي وَآمَنَ بِي وَطُوبَى سَبْعَ مَرَّاتٍ لِمَنْ لَمْ يَرَنِي وَآمَنَ بِي *

7. Het hierboven vermelde wordt nog meer bevestigd door de hadies van Abu Malik al-Ashari in de *Musnad* van Imam Achmad:

> Toen de Profeet ﷺ zijn gebed beëindigde draaide hij zich naar de mensen toe en zei: "Oh mensen!

Luister en probeer het volgende te begrijpen; Allah heeft dienaren die noch profeten noch martelaren zijn, die zo dicht in Allah's nabijheid zijn, en waarnaar zelfs profeten en martelaren streven."

Een Arabische bedoeïen die afkomstig is van een van de meest geïsoleerde mensen, maakte een gebaar met zijn hand naar de Profeet ﷺ en zei: "oh boodschapper van Allah! Er zijn mensen die noch Profeet ﷺ noch martelaren zijn, die zo dicht in Allah's nabijheid zijn, waarnaar zelfs profeten en martelaren streven? Leg ons dit uit!"

Het gezicht van de Profeet ﷺ vertoonde blijdschap op de vraag van de bedoeïen en gaf antwoord op zijn vraag:

Zij zijn de vreemdelingen van die en die plaats. Zij zijn van die en die stam zonder tot hen te behoren. Zij hebben geen familiebanden met elkaar. Zij houden van elkaar omwille van Allah. Zij hebben de puurste intenties met elkaar. **Op de dag van de wederopstanding zal Allah voor hen voetstukken van licht plaatsen, waarop Hij hen zal laten zitten, en Hij zal hun gezichten en kleren veranderen in licht. Op die dag van de wederopstanding zullen de mensen bang zijn maar niet zij. Zij zijn Allah's vrienden die noch bang noch treurig zijn.**"

Haythami in *Majma al-zawa'id* zegt: "Achmad vertelde het, en Tabarani overleverde ook iets soortgelijks, en de mannen in de keten van overleveraars worden ook als betrouwbare geacht." Het is verder overlevert via verschillende ketens door Abu Dawud, Achmad, Baghawi in *Sharh al-Soenna*, al-Hakim in de *Mustadrak*, Ibn 'Asakir, Ibn Abi al-Dunya in *Kitab al-ikhwan,* Ibn Jarir al-Tabari, Ibn Abi Hatim, Ibn Mardawayh, en vele anderen.

> (رواية أحمد) حَدَّثَنَا أَبُو النَّضْرِ حَدَّثَنَا عَبْدُ الحَمِيدِ بْنُ بَهْرَامَ الفَزَارِيُّ عَنْ شَهْرِ بْنِ حَوْشَبٍ حَدَّثَنَا عَبْدُ الرَّحْمَنِ بْنُ غَنْمٍ أَنَّ أَبَا مَالِكٍ الأَشْعَرِيَّ جَمَعَ قَوْمَهُ فَقَالَ يَا مَعْشَرَ الأَشْعَرِيِّينَ اجْتَمِعُوا وَاجْمِعُوا نِسَاءَكُمْ وَأَبْنَاءَكُمْ أُعَلِّمْكُمْ صَلَاةَ النَّبِيِّ صَلَّى اللَّهم عَلَيْهِ وَسَلَّمَ صَلَّى لَنَا بِالمَدِينَةِ فَاجْتَمَعُوا وَجَمَعُوا نِسَاءَهُمْ وَأَبْنَاءَهُمْ (...) ثُمَّ إِنَّ رَسُولَ اللَّهِ صَلَّى اللَّهم عَلَيْهِ وَسَلَّمَ لَمَّا قَضَى صَلَاتَهُ أَقْبَلَ إِلَى النَّاسِ بِوَجْهِهِ فَقَالَ يَا أَيُّهَا النَّاسُ اسْمَعُوا وَاعْقِلُوا وَاعْلَمُوا أَنَّ لِلَّهِ عَزَّ وَجَلَّ عِبَادًا لَيْسُوا بِأَنْبِيَاءَ وَلَا شُهَدَاءَ يَغْبِطُهُمُ الأَنْبِيَاءُ وَالشُّهَدَاءُ عَلَى مَجَالِسِهِمْ وَقُرْبِهِمْ مِنَ اللَّهِ فَجَاءَ رَجُلٌ مِنَ الأَعْرَابِ مِنْ قَاصِيَةِ النَّاسِ وَأَلْوَى بِيَدِهِ إِلَى نَبِيِّ اللَّهِ صَلَّى اللَّهم عَلَيْهِ وَسَلَّمَ فَقَالَ يَا نَبِيَّ اللَّهِ نَاسٌ مِنَ النَّاسِ لَيْسُوا بِأَنْبِيَاءَ وَلَا شُهَدَاءَ يَغْبِطُهُمُ الأَنْبِيَاءُ وَالشُّهَدَاءُ عَلَى مَجَالِسِهِمْ وَقُرْبِهِمْ مِنَ اللَّهِ انْعَتْهُمْ لَنَا يَعْنِي صِفْهُمْ لَنَا فَسُرَّ وَجْهُ رَسُولِ اللَّهِ صَلَّى اللَّهم عَلَيْهِ وَسَلَّمَ لِسُؤَالِ الأَعْرَابِيِّ فَقَالَ رَسُولُ اللَّهِ صَلَّى اللَّهم عَلَيْهِ وَسَلَّمَ هُمْ نَاسٌ مِنْ أَفْنَاءِ النَّاسِ وَنَوَازِعِ القَبَائِلِ لَمْ تَصِلْ بَيْنَهُمْ أَرْحَامٌ مُتَقَارِبَةٌ تَحَابُّوا فِي اللَّهِ وَتَصَافَوْا يَضَعُ اللَّهُ لَهُمْ يَوْمَ القِيَامَةِ مَنَابِرَ مِنْ نُورٍ فَيُجْلِسُهُمْ عَلَيْهَا فَيَجْعَلُ وُجُوهَهُمْ نُورًا وَثِيَابَهُمْ نُورًا يَفْزَعُ النَّاسُ يَوْمَ القِيَامَةِ وَلَا يَفْزَعُونَ وَهُمْ أَوْلِيَاءُ اللَّهِ الَّذِينَ لَا خَوْفٌ عَلَيْهِمْ وَلَا هُمْ يَحْزَنُونَ *

8. De voetnoot bewust verbergt door de Salafistische oppositie legt verder ook uit:

Zoals de Profeetschap speciaal alleen aan profeten geschonken werd, met uitzondering van anderen, zijn bepaalde niveaus en beloningen speciaal alleen aan de oprechte dienaren van de laatste tijd geschonken en niet aan anderen.

We vragen Allah dat Hij rechtvaardigheid afdwingt van hen die doelbewust de uitspraken van onze eervolle Sheich verkrachten en verkeerd in kaart brengen, om zo zijn reputatie bij zijn volgelingen of moslims op grote schaal te schaden.

6

Door de Woorden van de Koran te Veranderen Schrijven zij Antropomorfisme toe aan het Islamitisch Geloof

Insha Allah zal het na deze paragraaf duidelijk zijn hoe die andere valse leuzen van de aanvallers niets zijn in vergelijking met het volgende namelijk het verkeerd presenteren van Allah's woorden. Zij beweren in hun aanval (op pag. 5) dat Allah zegt: *"voel jij je beschermd voor Hem (Allah), dat Hij (Allah) <u>die boven de hemel is</u>, de aarde zal doen zinken met jou[?]"* (67:16). Dit is een duidelijk voorbeeld van <u>hoe zij de letterlijke betekenissen van de Heilige Koran verdraaien</u>. Die absoluut **NIET** *"boven de hemelen"* (*man fawa al-samawat*) zegt, maar *"in de hemel"* (*man fi al-sama*): kijk bijvoorbeeld naar de vertalingen van Pickthall of van Yusuf Ali, dit zijn de vertalingen die wereldwijd geaccepteerd zijn door Engels sprekende moslims, en ook Shakir en Daryabadi:

> PICKTHALL: Heb jij je beschermd voor Hem, die in de hemel is zodat Hij jou niet laat opslokken door de aarde, wanneer deze beeft?

> YUSUF ALI: Voel jij je beschermd, zodat Hij die in de hemel is jouw niet zal laten verzwelgen door de aarde wanneer deze begint te schudden (zoals in een aardbeving)?

> SHAKIR: Ben jij beschermd voor Hem in de hemel dat Hij jou niet door de aarde laat opslokken? Zie daar! Het zal in een staat van commotie zijn.

> DARYABADI: Ben jij beschermd dat Hij die in de hemel is de aarde niet met jou zal doen zinken en dan laten beven?

Gelijk er achteraan in het boekje (op pag. 5–6) gaan de Salafistische aanvallers door met het verdraaien van de hadies uiteraard met dezelfde bedoelingen. Hierbij citeren zij een hadies waarbij zij weer de originele woorden weglaten en waarbij zij de tekst op zo'n manier weergeven om zo hun begeertes te onderbouwen. De hadies waar het over gaat is de bekende hadies van Mu'awiya ibn al-Hakam's slavin, die gevraagd wordt door de Profeet ﷺ: "waar Allah is?" en zij antwoordt met: "*in de hemel*" (*fi al-sama*). De Salafisten daar tegenover hebben het antwoord veranderd naar "*boven de hemel*"!

Allah sprak over deze mensen die over het boek dingen zouden zeggen dan wat er werkelijk stond: "*min al-ladhina hadu yuharrifuna al-kalima 'an mawadi'ihi*" - "*Sommige van den joden veranderen de woorden van Allah en trekken deze uit hun verband*" (4:46) en "*fariqun minhum yasma 'una kalam Allahi thumma yuharrifunahu min ba'di ma 'aqaluhu wa hum ya 'lamun*" – "*een gedeelte van hen zouden naar de woorden van Allah luisteren en deze vervolgens veranderen*" (2:75)

> De geleerden hebben uitleg gegeven aan het in de Koran geschreven woord "*yuharrifun*": Bukhari zegt in zijn *Sahih*, boek over *Tawhied*, hoofdstuk genaamd: ***Bal huwa qur'anun majid*** (85:22):
>
> *Yuharrifun* – zij veranderen de woorden – betekent *yuzilun* – zij verwijderen het, maar niemand verwijdert een woord van een boek der boeken van Allah, wat zij wel doen is het veranderen op dusdanige manier dat zij het op iets anders dan de werkelijkheid interpreteren (*yata'awwalunahu 'ala ghayri ta'wilih*)

بَاب قَوْل اللَّهِ تَعَالَى (بَلْ هُوَ قُرْآنٌ مَجِيدٌ فِي لَوْحٍ مَحْفُوظٍ) (وَالطُّورِ وَكِتَابٍ مَسْطُورٍ) قَالَ قَتَادَةُ مَكْتُوبٌ (يَسْطُرُونَ) يَخُطُّونَ (فِي أُمِّ الْكِتَابِ) جُمْلَةِ الْكِتَابِ وَأَصْلِهِ (مَا يَلْفِظُ)

> مَا يَتَكَلَّمُ مِنْ شَيْءٍ إِلَّا كُتِبَ عَلَيْهِ وَقَالَ ابْنُ عَبَّاسٍ يُكْتَبُ الْخَيْرُ وَالشَّرُّ (يُحَرِّفُونَ) يُزِيلُونَ وَلَيْسَ أَحَدٌ يُزِيلُ لَفْظَ كِتَابٍ مِنْ كُتُبِ اللَّهِ عَزَّ وَجَلَّ وَلَكِنَّهُمْ يُحَرِّفُونَهُ يَتَأَوَّلُونَهُ عَلَى غَيْرِ تَأْوِيلِهِ

De uitleg hierboven van Bukhari is een mooi voorbeeld en kan tegelijkertijd alle moslims helpen hen te herkennen die er alles aan doen om de woorden en betekenissen van Allah en Zijn Profeet ﷺ in de leer (*Aqidah*) en het geloof te veranderen.

Laten we nu eens naar de Soennitische uitleg van de vers en hadies kijken die de antropomorfismen hier hebben aangehaald.

De Betekenis van "Hij die in de Hemel is"

Betreffende de vers: "Voel jij je beschermd, zodat Hij die in de hemel is jouw niet zal laten verzwelgen door de aarde wanneer deze begint te schudden? De Maliki Mufassir en Hafiz, al-Qurtubi (d. 671) zegt in zijn twintigdelige volume *al-Jami 'li ahkam al-Qur'an* (Encyclopedie van de regels afkomstig uit de Koran):

> [Het] kan betekenen: "voel jij je beschermd, zodat Hij die de Schepper is van hen die in de hemelen zijn, jou niet door de aarde zal laten opslokken, zoals Hij met Korah deed?" De betekenis hiervan is eigenlijk: "voel jij je beschermd door Hem die over de hemelen is" zoals Allah ook zegt, ***"reis in de aarde (wereld)"*** [9:2] betekende over de aarde; **en niet erover in een fysieke vorm, maar middels een alomtegenwoordige macht en controle**. Een andere betekenis ervan is "voel jij je beschermd door Hem die over ('ala) de hemelen is" zoals het ook gebruikelijk is te zeggen, "zo en zo over Iraq en Hijaz is" betekende dat hij de gouverneur en leider is van hen." **Er zijn ontzettend veel overleveringen die hierover gaan en die alle als**

authentiek (*sahih*) verklaard zijn, ook heel bekend zijn en die tevens de grootheid van Allah weergeven, die dus niet ontkend worden door wie ook, tenzij het een atheïst of een onwetende betreft. [4]

De standpunt van de Ahl al-Soenna ten opzichte van de hierboven zijnde (*fawqiyya*) verhevenheid van Allah werd nog eens met nadruk aangehaald door Imam al-Ash'ari in zijn *Ibana*;

> Hij is boven de Troon en boven alles tot aan het uiterste van de lagere aarde, zo verheven dat Hij nóg dichter tot de Troon of de Hemelen is. Maar zodanig ver verheven boven de Troon en over de laagste aarde is, dat Hij desondanks dichtbij al zijn schepselen is en dichter tot Zijn dienaar dan zijn halsslagader, en Hij is getuigen van alles. [5]

Al-Tabari bevestigde dit ook in zijn *Tafsier*: "Allah heeft Zichzelf ver verheven boven de Hemelen met een verhevenheid (*'uluw*) van Soevereiniteit en Macht, niet in een bewegelijke vorm of middels verplaatsing,"[6] en door de uitleg van de Shafi hafiz Ibn Hajar al-Asqalani in zijn *Fath al-bari*:

> Al-Kirmani (d.786) zei: "De uiterlijke vorm van "in de Hemel" (*fi al-sama*) wordt niet bedoeld in de profetische overlevering: ("vertrouw je mij dan niet, die vertrouwd wordt door Die Ene in de Hemel?"), want Allah is transcendent op elke plek; maar omdat de richting van verhevenheid edeler is dan welke richting ook, heeft Allah het aan Zichzelf voorspeld om zo Zijn prijzenswaardige Essentie en Attributen aan te geven." Naast Kirmani hebben

---

[4] Qurtubi, *al-Jami` li ahkam al-Qur'an*, vol. 20 Cairo 1387/1967. herdruk (vol 20 in 10). Beiroet: Dar ihya' al-turath al-`arabi, (geen datum),18:216. Aanhaling van de vertaling van Nuh Ha Mim Keller in zijn *Reliance of the Traveller* pag. 860-861.
[5] al-Ash`ari, *al-Ibana `an usul al-diyana*, editië Fawqiyya Husayn Mahmud (Cairo: dar al-Ansar, 1977), pag. 21.
[6] *Tafsir Ibn Jarir* 1:192.

anderen ook soortgelijke dingen gezegd, betreffende Zijn verhevenheid en andere soortgelijke kwesties.[7]

Het feit dat twee richtingen "boven" en "onder" niet passelijk en tevens onmogelijk zijn voor Allah sluit niet uit, zoals Hij aan Zichzelf beweert met een eigenschap van verhevenheid (*uluw*), dat zo een beschrijving alleen duidt op de prijzenswaardige betekenis van verhevenheid of zichtbaarheid.[8]

Bukhari waarschuwde hen die ruimtelijke verhevenheid aan Allah toeschrijven (*uluw fawqi*), dat beide richtingen waarin de Hemel en de Troon zogenaamd behoren geschapen zijn, en in leven is gebracht door Allah die al leefde vóór al deze dingen. Dit alles is geschapen en Zijn bestaan die eeuwig is zonder begin, sluit uit dat Hij hieraan gebonden is. En Allah weet het beter.[9]

De Betekenis van Waar is Allah? In de Hemel

Imam Malik zegt in zijn *Muwatta* en Muslim in zijn *Sahih* dat Mu'awiya ibn al-Hakam bij de Profeet ﷺ kwam en hem vertelde: "Ik ben een nieuweling die net uit onwetendheid komt en nu heeft Allah Islam gebracht," en toen begon hij verschillende vragen te stellen betreffende onwetende activiteiten, tot hij als laatste vertelde dat hij zijn slavin in het gezicht had geslagen en vroeg of hij haar moest bevrijden, zoals voorgeschreven werd als geconstateerd werd dat zij gelovig was. De Profeet ﷺ vroeg of zij voor hem gebracht kon worden. Toen vroeg hij haar, "Waar is Allah?" Zij zei "in de hemel (*fi al-sama*)"; waarop de Profeet ﷺ verder vroeg, "Wie ben ik?" toen antwoordde zij, "Jij bent de boodschapper van Allah"; waarop hij ﷺ zei, "bevrijdt haar, want zij is werkelijk een gelovige".

---

[7] Ibn Hajar, *Fath al-Bari* 13:412.
[8] Ibn Hajar, *Fath al-bari* 6:136 (Jihad).
[9] Ibn Hajar, *Fath al-Bari*, Tawhid hfdst. 23 laatste paragraaf.

De Hanafi hafiz en faqih Mulla Ali al-Qari vertelde in verband hiermee in zijn verslag Mishkat al-masabih in relatie tot deze hadies:

> Al-Qadi Iyad zei: "de bedoeling van de Profeet ﷺ, door het stellen van deze vragen, was niet om vast te stellen waar Allah Zich bevond (*makam*), want Hij is werkelijk ver verheven boven Ruimte en Tijd. Maar de bedoeling van het ondervragen was slechts om vast te stellen of zij geloofde in de Eenheid (*muwahhida*) of dat zij iemand was die verwantschap had met Allah (*mushrika*). Want de ongelovige Arabieren van die tijd geloofden in beelden; zo had elke stam een beeld te midden van hen dat zij aanbaden dat verheven was. Het kon zijn dat de onwetenden tussen hen geen beter object hadden om te aanbidden, vandaar dat de Profeet ﷺ persé wilde weten waarin zij geloofde. Toen zij "in de hemel" zei, - en een andere overlevering zegt dat zij tegelijkertijd een gebaar maakte richting de hemel – werd er dus begrepen dat zij geloofde in de Eenheid. Door zijn manier van ondervragen verwierp hij de goden van de aarde (*nafi al-aliha al-ardiyya*) die de beelden zijn, en daarmee dus niet vastlegde dat de hemel de plaats is waar Allah zich bevindt. Allah is ver verheven boven alle beweringen van de slechteriken.[10]

---

[10] Ali al-Qari, *al-Mirqat sharh al-mishkat* 3:492.

7

De *Mujassima* Beschuldigen de Ahl al-Soeena van *Tajsim*!

Een andere valse beschuldiging van de "Salafistische" aanvallers in het anti-Naqshbandi handboek (pag.6), is het toeschrijven van een plaats aan Allah. Dit is een duidelijk teken van de antropomorfist die de Ahl al-Soenna beschuldigt van antropomorfisme.

De aanvallers schrijven op pag. 6 van hun pamflet [**onze vorm van benadrukken**]:

> Op pag. 13 van het boek *Haqiqat ul Haqqani* staat: "<u>Allah de Almachtige is overal</u> en vooral in Baitullah, zoals Hijzelf het huis van Allah genoemd heeft. Om dit het huis van de Heer te noemen, moet de Heer des Huizes er dus aanwezig zijn."

> Dan benadrukken de aanvallers het volgende: "**het concept dat Allah overal is, is niet Islamitisch** zoals de bovenstaande Koran-vers en authentieke hadies aangeven; als het inderdaad zo zou zijn dat Allah overal is dan zou er dus geen behoefte zijn geweest voor de Profeet ﷺ om de hemelreis langs de zeven hemelen op de nacht van de Mir'aj te ondernemen om zo Allah te ontmoeten..."

Antwoord:

Ten eerste is "*Haqiqat Al-Haqqani*" een niet geautoriseerde werkstuk wat toegeschreven is aan Sheich Nazim. In werkelijkheid spreekt het dus over Sheich Nazim, terwijl het in de derde persoon is geschreven. Wij verwerpen elke bewering dat dit werk zogenaamd geautoriseerd zou zijn door Sheich Nazim of één van zijn geautoriseerde vertegenwoordigers, en ook dat de informatie aan hem toegeschreven kan worden. Feit is dat Sheich Nazim jaren geleden een brief geschreven heeft waarin hij zijn Murieds gevraagd heeft dit niet te lezen, opnieuw te produceren, kopen en of verkopen, met de opdracht dat elke kopie hiervan vernietigd diende te worden. Helaas zijn er enthousiaste bewonderaars die dit niet hebben geaccepteerd en nog steeds kopieën van dit boek verspreiden, ondanks de sensationele beweringen die erin staan. **Heel opvallend is dat de aanval van de "Salafisten" in het misleidend boekje grotendeels gebaseerd is op dit ongeautoriseerde boek!**

Niettemin moeten sommige uitspraken van de "Salafisten" aangekaart en tegengesproken worden, ongeacht het feit dat deze uitspraken voortkomen uit een ongeautoriseerd boek.

1. Op de betreffende bewering: "Het concept dat Allah overal is, niet Islamitisch is" antwoordden wij: Hetgeen er bedoeld wordt met de uitspraak "Allah de Almachtige is overal" betekent hetzelfde als de uitspraak van Allah: ***"Hij is met jou waar je ook bent (ayna ma kuntum)"*** (57:4) en hetzelfde als wat de Profeet ﷺ zei in zijn uitspraak (zie hieronder): "als je een touw zou uitstrekken tot aan de zevende hemel, dan zou je werkelijk bij Allah belanden."

Degenen die tegen ons zeggen: "Nee, wat jullie bedoelen is niet Islamitisch!" beantwoorden wij met de volgende waarschuwing van de Profeet ﷺ: "Hebben jullie onze harten opengespleten en het gecontroleerd? Allah is de Rechter tussen ons en jullie, heb vrees voor Hem."

2. De bedoeling van de uitspraak "[Hij is] vooral in Baitullah, zoals Hijzelf het 'het huis van Allah' genoemd heeft. Om het het huis van de Heer te noemen, moet de Heer des huizes er dus aanwezig zijn" betekent: de Heer des huizes is te vinden in het huis van de Heer en niet in een zwakzinnige betekenis van een mogelijke fysieke vorm, wat dus de logica van een mier zou zijn in plaats van een mens, maar dat Hij met Zijn macht het kan beschermen tegen hen die het aanvallen, hen Gastvrij te behandelen die het opzoeken, met Zijn Kennis de intenties en daden op te tekenen van de bezoekers, met Zijn Beloningen hun moeite te belonen, met Zijn

Vergevensgezindheid hun tekortkomingen uit te wissen, met Zijn Giften hen te beladen met hetgeen zij willen, enzovoorts.

Het is de reden dat wij het Huis groeten zodra we het zien, door onze handen te heffen en *ALLAHU AKBAR* uit te roepen, en onszelf in het aangezicht van het Huis met niets anders dan aanbidding en respect bezig te houden en voordat wij het verlaten het afscheidsgebed bestaande uit twee rakat's voor Allah te bidden. Want alle vormen van aanbidding worden daar meer beloond dan waar ook ter wereld dat vanwege de nabijheid van Allah en omdat elke overtreding zwaarder gestraft wordt, wat zelfs bij kinderen bekend is wanneer zij daarheen gebracht worden door hun ouders om het Huis van Allah te bezoeken.

3. Door het openlijk te verklaren dat "Het concept dat Allah overal is, niet Islamitisch is" hebben deze "Salafistische" aanvallers simpelweg henzelf tot niet-Moslims uitgeroepen, en onze toevlucht is bij Allah. Allah zegt: "*en Hij is met jou waar je ook bent (ayna ma kuntum)*" (57:4).

De vrome Salaf's schreven een *ta'wil* oftewel interpretatie aan de vers toe, op verschillende wijze waarvan de meest bekende die van Imam Sufyan al-Thawri is: "Hij is met jou middels Zijn Kennis (wijsheid)."[11]

Het betekend ook: met Zijn acceptatie, Zijn hulp, Zijn tolerantie, Zijn wil, Zijn bestraffingen, enzovoorts.

Zo ook vinden wij in de *Tafsier* boek van Tirmidhi (Soera 57) en in de *Musnad* van Achmed (2:370) overgeleverd door Abu Hurayra dat de Profeet ﷺ zei: "als je een touw zou uitstrekken tot aan de zevende hemel, dan zou je werkelijk bij Allah belanden!" dat werd wederom geïnterpreteerd: met Zijn Kennis, Zijn Macht, Zijn Soevereiniteit enzovoorts, zoals verklaard door Tirmidhi en anderen, terwijl Hijzelf "over de Troon" is, dat betekent: verheven ver boven de schepping en vrij van ruimte en een bestemming.

---

[11] In al-Dhahabi, *Siyar a'lam al-nubala'* 7:274.

(رواية الترمذى) حَدَّثَنَا عَبْدُ بْنُ حُمَيْدٍ وَغَيْرُ وَاحِدٍ الْمَعْنَى وَاحِدٌ قَالُوا حَدَّثَنَا يُونُسُ بْنُ مُحَمَّدٍ حَدَّثَنَا شَيْبَانُ بْنُ عَبْدِ الرَّحْمَنِ عَنْ قَتَادَةَ قَالَ حَدَّثَ الْحَسَنُ عَنْ أَبِي هُرَيْرَةَ قَالَ بَيْنَمَا نَبِيُّ اللَّهِ صَلَّى اللَّهُ عَلَيْهِ وَسَلَّمَ جَالِسٌ وَأَصْحَابُهُ إِذْ أَتَى عَلَيْهِمْ سَحَابٌ فَقَالَ نَبِيُّ اللَّهِ صَلَّى اللَّهُ عَلَيْهِ وَسَلَّمَ هَلْ تَدْرُونَ مَا هَذَا (...) ثُمَّ قَالَ وَالَّذِي نَفْسُ مُحَمَّدٍ بِيَدِهِ لَوْ أَنَّكُمْ دَلَّيْتُمْ رَجُلًا بِحَبْلٍ إِلَى الْأَرْضِ السُّفْلَى لَهَبَطَ عَلَى اللَّهِ ثُمَّ قَرَأَ (هُوَ الْأَوَّلُ وَالْآخِرُ وَالظَّاهِرُ وَالْبَاطِنُ وَهُوَ بِكُلِّ شَيْءٍ عَلِيمٌ) قَالَ أَبُو عِيسَى هَذَا حَدِيثٌ غَرِيبٌ مِنْ هَذَا الْوَجْهِ قَالَ وَيُرْوَى عَنْ أَيُّوبَ وَيُونُسَ بْنِ عُبَيْدٍ وَعَلِيِّ بْنِ زَيْدٍ قَالُوا لَمْ يَسْمَعِ الْحَسَنُ مِنْ أَبِي هُرَيْرَةَ وَفَسَّرَ بَعْضُ أَهْلِ الْعِلْمِ هَذَا الْحَدِيثَ فَقَالُوا إِنَّمَا هَبَطَ عَلَى عِلْمِ اللَّهِ وَقُدْرَتِهِ وَسُلْطَانِهِ وَعِلْمُ اللَّهِ وَقُدْرَتُهُ وَسُلْطَانُهُ فِي كُلِّ مَكَانٍ وَهُوَ عَلَى الْعَرْشِ كَمَا وَصَفَ فِي كِتَابِهِ *

Ten tijde dat zijn meester Abu al-Qasim al-Junayd (d. 298) – "in zijn tijd de hoogste Imam van de wereld" volgens de historicus Ibn al-Athir – beschuldigd werd van afvalligheid door de antropomorfismen van Bagdad, Abu al-Hassan al-Nuri (d. 295) gevraagd werd door de hoofdrechter in de nabijheid van de Sultan al-Mutawakkil: "waar is jouw Heer in relatie tot jou?" hij antwoordde met:

Hij is in relatie tot mij waar ik ben in relatie tot Hem, gezien het feit Hij gezegd heeft:

Wa huwa ma'akum aynama kuntum

"Hij is met jou waar jij je ook mag bevinden"

Dat betekent: Hij met ons is zoals wij met Hem zijn. Als wij met dienaarschap bij Hem zijn, dan is Hij bij ons met hulp en leiding; als wij onachtzaam zijn, dan is Hij met Zijn wil bij ons; als wij ongehoorzaam bij Hem zijn, dan is Hij met Zijn uitstel bij ons; als wij met berouw bij Hem zijn, dan is Hij bij ons met acceptatie; als wij geen gehoor geven aan Zijn bevelen, dan zal Hij met Zijn bestraffingen bij ons zijn.[12]

---

[12] In Ibn `Ajiba, *Iqaz al-himam fi sharh al-hikam* (Beiroet: al-maktaba al-thaqafiyya, (geen datum)) pag. 397.

8

Zij Ontkennen dat de Laatste Dag Naderbij is

De "Salafisten" citeren op pag. 7 van hun pamflet:

Bij het begin van pag. 19 van de boek *Mercy Oceans – deel 1* staat er: "Deze tekenen dat wij ontvangen hebben geven weer dat de laatste dag eraan staat te komen [en het] zo een beetje nu zal zijn........... binnen de komende twee jaar zullen wij getuigen zijn van deze grote gebeurtenissen." De hierboven aangegeven boek (*Mercy Oceans*) werd in 1987 uitgebracht, inmiddels zijn we 10 jaar (nu 20 jaar) verder, en ondertussen zijn wij nog steeds geen getuige van deze laatste dag…

Antwoord:

Deze woorden uit de monden van de "Salafistische" aanvallers laten hun intense afkeer zien voor de herinnering van het nabij zijn van het laatste Uur en de liefde voor deze wereld, die de Profeet ﷺ kenmerkte als een verlengde hoop (*tul al-amal*).

Allah zegt: *"wachten zij op iets anders dan het uur, zodat het onverwachts op hen neer komt? De waarschuwende tekenen hebben al plaatsgevonden."* (47:18)

Abu Hurayra ؓ overlevert in *Sahih Bukhari* (het boek van *Riqaq*) dat de Profeet ﷺ zei:

"Het hart van een oude man zal van twee dingen weerhouden worden betreffende de jeugd en dat zijn: liefde voor deze wereld en een verlengde hoop.

> حَدَّثَنَا عَلِيُّ بْنُ عَبْدِاللَّهِ حَدَّثَنَا أَبُو صَفْوَانَ عَبْدُاللَّهِ بْنُ سَعِيدٍ حَدَّثَنَا يُونُسُ عَنِ ابْنِ شِهَابٍ قَالَ أَخْبَرَنِي سَعِيدُ بْنُ الْمُسَيَّبِ أَنَّ أَبَا هُرَيْرَةَ رَضِيَ اللَّهم عَنْهم قَالَ سَمِعْتُ رَسُولَ اللَّهِ صَلَّى اللَّهم عَلَيْهِ وَسَلَّمَ يَقُولُ لَا يَزَالُ قَلْبُ الْكَبِيرِ شَابًّا فِي اثْنَتَيْنِ فِي حُبِّ الدُّنْيَا وَطُولِ الْأَمَلِ *

Het is vastgelegd in de Koran en in de authentieke hadies dat de kennis van het uur tot Allah alleen behoort, nochtans, refereert "**kennis van het uur**" hier naar de precieze tijd dat het zal plaatsvinden, niet naar het feit dat het nabij is, wat dus openlijk beweerd wordt, noch naar de gebeurtenissen die ernaar wijzen, die in details zijn omschreven! De les van de Profeet ﷺ in deze – waar de aanvallers duidelijk onwetend over zijn – is tweezijdig:

1) wetend en gelovend dat het uur een dreigend iets is en dat de laatste dag inderdaad er aan staat te komen, zoals Allah zegt: "het kan zijn dat het uur nabij is" (42:17) en de Profeet ﷺ ons nadrukkelijk geïnformeerd heeft:

- Bukhari en Muslim overleveren dat de Profeet ﷺ zei: "ik ben gezonden in een tijd dat het uur zo dichtbij is als deze twee" en hij verbond zijn twee vingers met elkaar. Durven jullie oh "Salafisten" te zeggen: "dat het vijftienhonderd jaar geleden is dat dit gezegd werd en we nog steeds geen getuige zijn van de laatste dag"?

> (رواية البخاري) حَدَّثَنَا أَحْمَدُ بْنُ الْمِقْدَامِ حَدَّثَنَا الْفُضَيْلُ بْنُ سُلَيْمَانَ حَدَّثَنَا أَبُو حَازِمٍ حَدَّثَنَا سَهْلٌ ابْنُ سَعْدٍ رَضِيَ اللَّهم عَنْهم قَالَ رَأَيْتُ رَسُولَ اللَّهِ صَلَّى اللَّهم عَلَيْهِ وَسَلَّمَ قَالَ بِإِصْبَعَيْهِ هَكَذَا بِالْوُسْطَى وَالَّتِي تَلِي الْإِبْهَامَ بُعِثْتُ وَالسَّاعَةَ كَهَاتَيْنِ *

- Tabari en Ibn Mardawayh overleveren van Anas via Abd al-Rahman ibn Hashim ibn Utba dat tijdens de nacht van de hemelvaart (Isra wa'l Mi'raj) de Profeet

ﷺ een oude vrouw zag waarover Jibril hem vertelde: "wat het oud vrouwtje betreft die je zojuist aan de kant van de weg zag staan, deze wereld zal niet langer blijven, dan dat er nog tijd is zo dat dit oud vrouwtje kan leven." Durven jullie oh "Salafisten" te zeggen dat "het vijftienhonderd jaar geleden is dat dit gezegd werd en dat de wereld er nog steeds is"? Zoals Allah tegen de ontkenners zei in de tijd van de Profeet ﷺ: *"wat is er mis met jullie? Hoe beoordelen jullie?"* (10:35)

وأخرج ابن جرير وابن مردويه في تفسيرهما والبيهقي من طريق عبد الرحمن بن هاشم بن عتبة عن أنس قال لما جاء جبرئيل إلى رسول الله صلى الله عليه وسلم بالبراق (...) وسار رسول الله صلى الله عليه وسلم فإذا هو بعجوز على جانب الطريق فقال ما هذه يا جبرئيل (...) ثم قال له جبرئيل أما العجوز التي رأيت على جانب الطريق فلم يبق من الدنيا إلا ما بقي من عمر تلك العجوز *

- Muslim overleverde van al-Nawwas ibn Sam'an, en ook van Ibn Majah en Achmad: "dat de Profeet ﷺ op een goede morgen ons over de Anti-Christ (*Dajjal*) vertelde, en nadat hij hem als een onbelangrijks iets beschreef, hij hem vervolgens tóch als een belangrijk iets beschreef, dat wij ineens het gevoel kregen dat (*Dajjal*) zich tussen de Dadelpalmbomen bevond." Durven jullie oh "Salafisten" te zeggen dat "het vijftienhonderd jaar geleden is dat dit gezegd werd en dat de *Dajjal* nog steeds niet is gekomen"? Nee, dat durven jullie niet. En hoe wil je de Koran en Hadies dan begrijpen als je al de woorden van een gewoon iemand die jullie er simpelweg aan herinnert niet eens kan begrijpen?

> (رواية مسلم) عَنِ النَّوَّاسِ بْنِ سَمْعَانَ قَالَ ذَكَرَ رَسُولُ اللَّهِ صَلَّى اللَّهُ عَلَيْهِ وَسَلَّمَ الدَّجَّالَ ذَاتَ غَدَاةٍ فَخَفَّضَ فِيهِ وَرَفَّعَ حَتَّى ظَنَنَّاهُ فِي طَائِفَةِ النَّخْلِ ... *

2) Om naar de reeks gebeurtenissen uit te kijken die het uur zullen aanduiden die kort erop na zal plaatsvinden, op basis van gissingen is toegestaan uit vrees voor Allah en het op de hoogte zijn van de tijd:

- Bukhari overleverde in zijn *Sahih*, het boek van eclipsen van Abu Musa: Dat er een zon eclips plaatsvond en dat de Profeet ﷺ in angst opstond, denkende dat het uur aangebroken was. Hij ging naar de moskee en schonk het gebed met het langste *qiyam*, neerbuigingen en hoofdbuigingen die ik hem nooit tevoren heb zien doen. Toen zei hij, "deze tekenen die Allah laat plaatsvinden gebeuren niet omdat iemand leven of dood gekregen heeft, maar Allah maakt op die manier zijn aanbidders bang, zodat wanneer zij die zien, zij uit vrees Allah herinneren, zij tot Hem wenden en Hem om Zijn vergiffenis vragen." In onze tijd zijn de tekenen inmiddels verdubbeld en de waarschuwingen rinkelen daarbij van links en rechts, toch blijven de ontkenners klagen en liever Islamitische Sheichs aanvallen, in plaats van Allah aan te roepen en om vergiffenis te vragen!

> حَدَّثَنَا مُحَمَّدُ بْنُ الْعَلَاءِ قَالَ حَدَّثَنَا أَبُو أُسَامَةَ عَنْ بُرَيْدِ بْنِ عَبْدِاللَّهِ عَنْ أَبِي بُرْدَةَ عَنْ أَبِي مُوسَى قَالَ خَسَفَتِ الشَّمْسُ فَقَامَ النَّبِيُّ صَلَّى اللَّهُم عَلَيْهِ وَسَلَّمَ فَزِعًا يَخْشَى أَنْ تَكُونَ السَّاعَةُ فَأَتَى الْمَسْجِدَ فَصَلَّى بِأَطْوَلِ قِيَامٍ وَرُكُوعٍ وَسُجُودٍ رَأَيْتُهُ قَطُّ يَفْعَلُهُ وَقَالَ هَذِهِ الْآيَاتُ الَّتِي يُرْسِلُ اللَّهُ لَا تَكُونُ لِمَوْتِ أَحَدٍ وَلَا لِحَيَاتِهِ وَلَكِنْ (يُخَوِّفُ اللَّهُ بِهِ عِبَادَهُ) فَإِذَا رَأَيْتُمْ شَيْئًا مِنْ ذَلِكَ فَافْزَعُوا إِلَى ذِكْرِهِ وَدُعَائِهِ وَاسْتِغْفَارِهِ *

- Muslim overleverde van Abu Hurayra ﷺ dat de Profeet ﷺ zei: "de tijd zal inkrimpen, kennis zal weggenomen worden, meningsverschillen zullen alleen toenemen, hebzucht zal plaatsvinden, en bloedvergieten zal enorm zijn." Opvallend is dat al deze gebeurtenissen inmiddels al plaatsgevonden hebben.

حَدَّثَنِي حَرْمَلَةُ بْنُ يَحْيَى أَخْبَرَنَا ابْنُ وَهْبٍ أَخْبَرَنِي يُونُسُ عَنْ ابْنِ شِهَابٍ حَدَّثَنِي حُمَيْدُ بْنُ عَبْدِ الرَّحْمَنِ بْنِ عَوْفٍ أَنَّ أَبَا هُرَيْرَةَ قَالَ قَالَ رَسُولُ اللَّهِ صَلَّى اللَّهم عَلَيْهِ وَسَلَّمَ يَتَقَارَبُ الزَّمَانُ وَيُقْبَضُ الْعِلْمُ وَتَظْهَرُ الْفِتَنُ وَيُلْقَى الشُّحُّ وَيَكْثُرُ الْهَرْجُ قَالُوا وَمَا الْهَرْجُ قَالَ الْقَتْلُ *

Bukhari en Muslim overleveren in een bekende hadies waarbij Jibril ﷺ bij de Profeet ﷺ kwam in de vorm van een in wit geklede man en hem vragen stelde omtrent het geloof, waarop hij zei: "Wanneer is het uur?" waarop de Profeet ﷺ antwoordde: "degene die ondervraagd wordt weet er niet meer van dan degene die hem ondervraagt, maar ik kan je wel de voortekenen ervan vertellen: (het zal plaats gaan vinden) wanneer de slavin haar meester baart, en de domste kameelherders hoge structuren (gebouwen) zullen bouwen (waarop zij trots zullen zijn). Het uur is te midden van vijf dingen die Allah alleen kent." Toen citeerde de Profeet ﷺ de volgende vers: Allah! Met Hem is de kennis van het uur. Hij stuurt de regen neer, Hij weet wat er in de baarmoeder is, geen ziel weet wat hij morgen verdienen zal, en geen ziel die weet in welk land hij sterven zal. Zie daar! Allah is de Kenner, Bewust." (31:34)

Onderin kunt u de volledige tekst van deze hadies bekijken zoals het te zien is in het 36ste hoofdstuk van het boek *Iman* in de *Sahih al-Bukhari*.

(رواية البخاري) حَدَّثَنَا مُسَدَّدٌ قَالَ حَدَّثَنَا إِسْمَاعِيلُ بْنُ إِبْرَاهِيمَ أَخْبَرَنَا أَبُو حَيَّانَ التَّيْمِيُّ عَنْ أَبِي زُرْعَةَ عَنْ أَبِي

> هُرَيْرَةَ قَالَ كَانَ النَّبِيُّ صَلَّى اللَّهم عَلَيْهِ وَسَلَّمَ بَارِزًا يَوْمًا
> لِلنَّاسِ فَأَتَاهُ جِبْرِيلُ فَقَالَ مَا الإِيمَانُ قَالَ الإِيمَانُ أَنْ تُؤْمِنَ بِاللَّهِ
> وَمَلَائِكَتِهِ وَكُتُبِهِ وَبِلِقَائِهِ وَرُسُلِهِ وَتُؤْمِنَ بِالْبَعْثِ قَالَ مَا الإِسْلَامُ
> قَالَ الإِسْلَامُ أَنْ تَعْبُدَ اللَّهَ وَلَا تُشْرِكَ بِهِ شَيْئًا وَتُقِيمَ الصَّلَاةَ
> وَتُؤَدِّيَ الزَّكَاةَ الْمَفْرُوضَةَ وَتَصُومَ رَمَضَانَ قَالَ مَا الإِحْسَانُ
> قَالَ أَنْ تَعْبُدَ اللَّهَ كَأَنَّكَ تَرَاهُ فَإِنْ لَمْ تَكُنْ تَرَاهُ فَإِنَّهُ يَرَاكَ قَالَ
> مَتَى السَّاعَةُ قَالَ مَا الْمَسْئُولُ عَنْهَا بِأَعْلَمَ مِنَ السَّائِلِ
> وَسَأُخْبِرُكَ عَنْ أَشْرَاطِهَا إِذَا وَلَدَتِ الْأُمَةُ رَبَّهَا وَإِذَا تَطَاوَلَ
> رُعَاةُ الإِبِلِ الْبُهْمُ فِي الْبُنْيَانِ فِي خَمْسٍ لَا يَعْلَمُهُنَّ إِلَّا اللَّهُ ثُمَّ تَلَا
> النَّبِيُّ صَلَّى اللَّهم عَلَيْهِ وَسَلَّمَ (إِنَّ اللَّهَ عِنْدَهُ عِلْمُ السَّاعَةِ)
> الآيَةَ ثُمَّ أَدْبَرَ فَقَالَ رُدُّوهُ فَلَمْ يَرَوْا شَيْئًا فَقَالَ هَذَا جِبْرِيلُ جَاءَ
> يُعَلِّمُ النَّاسَ دِينَهُمْ قَالَ أَبمو عَبْدِ اللَّهِ جَعَلَ ذَلِكَ كُلَّهُ مِنَ الإِيمَانِ
> *

Dit volgende is een uittreksel van Ibn Hajar al-Asqalani's commentaar op de hadies van Jibril uit *Fath al-Bari*:

[Jibril] zeggende: "wanneer het uur is?" betekent in werkelijkheid: "op welk tijdstip het uur zal beginnen?" zoals expliciet verklaard werd in Ammara Ibn al-Qa'qa's verhaal. Het uiteindelijke artikel maakt het uur uniek. Wat hier bedoeld wordt is de Dag der Wederopstanding. (…)

Over de woorden van de Profeet ﷺ: "ik zal je wel over de condities informeren." In Bukhari's versie in de Tafsier boek staat: "maar ik zal het je wel vertellen." In Abu Farwa's uitleg staat er: "maar het heeft tekenen waaraan het herkenbaar is." Bij Kahmas staat er dat Hij zei: "vertel me dan over zijn kenmerken," die hij hem dan ook vertelde. (…)

Het detailleren van deze condities gaat nog verder in andere verklaringen van Bukhari. De condities (*ashrat*) zijn de voortekenen (*alamat*). Gezien de verschillen in uitleg kunnen we eruit opmaken dat het vertellen (*tahdith*), informeren (*ikhbar*), en het prijzen (*inba*) allemaal dezelfde betekenissen hebben, ondanks dat de hadies geleerden hier (in hun wetenschap) een onderscheid gemaakt hebben om verschillende technische redenen.

Qurtubi zegt: "de tekenen van het uur bestaan uit twee soorten: het eerste wat normaal is en wat hier aangekaart wordt. En het abnormale, waarbij de zon vanuit het westen zal herrijzen, waarbij deze soort de eerste vorm tekenen kort erna zullen opvolgen of er misschien zelfs gepaard meegaan." (…)

De uitspraak dat "de slavin haar meester zal baren" informeert ons met zekerheid dat deze gebeurtenissen zullen plaatsvinden. Het plaatsen van deze regel verduidelijkt nog eens de condities omtrent het uur gezien de betekenis van het baren van de slavin (…) en het onterechte leiderschap van de onkundige. (…)

Deze woorden geven dus blijk van het feit dat datgene waarop gezinspeeld wordt nooit eerder heeft plaatsgevonden, en dus wel zal plaatsvinden alvorens het uur. (…)

Het betekent dat er ontzettend veel kinderen ongehoorzaam zullen zijn jegens hun ouders, en een zoon zijn moeder op een manier zal behandelen zoals een slavenhouder zijn slavin behandelt, haar denigrerend middels beledigingen, slaag en door onbehulpzaam te zijn. Daarom wordt hij metaforisch "haar heer" genoemd oftewel *Rabb* letterlijk vertaald betekent het "regeerder". Dit is veruit de beste uitleg in mijn opinie, omdat het alle mogelijke betekenissen omvat, en omdat deze passage aangeeft dat het om vreemde situaties zal gaan, doch symptomatische morele corruptie.

Kort samengevat geeft de passage aan dat het voltrekken van het uur zeer nabij is wanneer de bepaalde kwesties anders zullen zijn, zodanig dat hij die uit het niets grootgebracht werd, de regeerder zal zijn en de laagste de verhevene zal zijn. Dit is weer terug te zien in het volgende voorteken namelijk dat "de onkundigen koningen zullen worden op aarde." (…)

De versie in het Tafsier boek van Bukhari zegt het volgende: "wanneer de naakte en zij op blote voeten [lopende] zullen bouwen..." waarop al-Ismail's uitleg hieraan toevoegde: "de dove en de domme." Er werd gezegd dat de attributen de ruwheid van hen typeerde. Bedoelende: dat zij hun gehoor of zicht niet ten opzichte van hun religie gebruikten, terwijl zij wel degelijk een goede verstand hadden.

Met de woorden het "hoofd der mensen" (*ru'us al-nas*) uit Ismaili's uitleg (in *Sahih Muslim*), "wanneer de naakte en zij op blote voeten het hoofd der mensen worden," bedoelden ze eigenlijk koningen op aarde mee. Abu Farwa's uitleg (ook in *Sahih Muslim*) gaf duidelijk aan wie de koningen waren. Zij bedoelde er de mensen van de woestijn mee, zoals ook duidelijk in Sulayman al-Taymi's en nog door vele anderen werden uitgelegd met de woordenwisseling:

"wie zijn diegenen op blote voeten en naakt?"

Hij antwoordde met: "de Arabische bedoeïenen."

Tabarani overleverde via Abu Hamza op grond van Ibn Abbas, dat de Profeet ﷺ zei: "een van de tekenen betreffende de verandering van het geloof is de zogenaamde welsprekendheid van de onwetende en het zich bewegen richting de paleizen in grote steden." Qurtubi zei: "wat hiermee bedoeld wordt is de voorspelling van een ommekeer die zal gaan plaatsvinden in de maatschappij, waarbij mensen [oorspronkelijk] uit de woestijn de regeer methodes zullen overnemen en alle regio's met de harde hand zullen gaan regeren. Zij zullen ontzettend rijk worden, en hun voornaamste bezigheden zullen zijn het doen herrijzen van grote gebouwen waarop zij trots zullen zijn.

Wij zijn getuigen hiervan in onze tijd." [en wij zijn er ook getuigen van in onze tijd!]

Ook het volgende stamt af van dezelfde reeks hadies: "Het uur zal niet plaatsvinden totdat de gelukkigste man in de wereld, een verdorven zoon is van een verdorven vader" (*Lukka Ibn Lukka*), en ook: "als de leiderschap vertrouwd wordt aan iemand die er niet capabel voor is, dan mag je het uur verwachten." Dit betreffen beiden authentieke overleveringen.[13]

---

[13] Ibn Hajar, *Fath al-bari* (Cairo: Halabi 1378/1959) 1:129-131.

In de *Musnad* van Achmad die met een goede keten van overleveraars namelijk, Ibn Majah, Sa'id Ibn Mansur, en in de *Mustadrak* van al-Hakim (die hij als juist verklaarde) overleveren van Ibn Mas'ud dat de Profeet ﷺ zei:

De nacht waarin ik verrijkt werd ontmoette ik Abraham (*Ibrahim*), Moses (*Musa*), en Jezus (*Isa*). Zij haalden toen het uur aan en verwezen naar Ibrahim, maar hij zei: "Ik heb er geen kennis van." Toen keerde ze naar Musa en zei toen ook: "Ik heb er geen kennis van." Toen keerde ze naar Isa en hij zei:

Wat de tijd betreft dat dit zal plaatsvinden, daar weet niemand buiten Allah om waarneer dat zal zijn. Maar wat datgene betreft waarmee Hij mij mee verzekerd heeft (eraan voorafgaand); de Dajjal of Antichrist zal tevoorschijn komen en dan zal ik met twee staven [zwaarden] hem confronteren. Bij mijn aangezicht zal hij smelten als lood: Allah zal zijn vernietiging laten gebeuren op het moment dat hij mij zal zien. Het zal zo zijn [in die tijd] dat elke steen zal zeggen: Oh moslim, achter mij schuilt een ongelovige, kom hem doden! Allah zal hen allen doen sterven.

Mensen zullen dan weer terugkeren naar hun land. Tegen die tijd zal Ya'juj en Ma'juj (*Gog* en *Magog*) tevoorschijn komen. Zij zullen van elke richting komen en alle naties vertrappen. Alles wat zij tegenkomen zullen ze vernietigen. Ze zullen alle waterbronnen leegdrinken.

Dan zullen mensen bij me komen en klagen over hun. Hierop zal ik tot Allah keren en om Zijn hulp vragen, dan zal Hij hen tot vernietiging brengen en als gevolg ervan de hele aarde doen stinken. Allah zal dan een regen doen vallen die hun lichamen zal wegspoelen en hun in zee zal slingeren.

Ik ben verzekerd door de Heer dat als dit eenmaal plaatsvindt het uur zo nabij zal zijn; het net als de familie van een hoogzwangere vrouw zal zijn die niet precies weet of zij nou s'nachts of overdag zal gaan bevallen.

> (رواية أحمد) حَدَّثَنَا هُشَيْمٌ أَنْبَأَنَا الْعَوَّامُ عَنْ جَبَلَةَ بْنِ سُحَيْمٍ عَنْ مُؤْثِرِ بْنِ عَفَازَةَ عَنِ ابْنِ مَسْعُودٍ عَنِ النَّبِيِّ صَلَّى اللَّهم عَلَيْهِ وَسَلَّمَ قَالَ لَقِيتُ لَيْلَةَ أُسْرِيَ بِي إِبْرَاهِيمَ وَمُوسَى وَعِيسَى قَالَ فَتَذَاكَرُوا أَمْرَ السَّاعَةِ فَرَدُّوا أَمْرَهُمْ إِلَى إِبْرَاهِيمَ فَقَالَ لَا عِلْمَ لِي بِهَا فَرَدُّوا الْأَمْرَ إِلَى مُوسَى فَقَالَ لَا عِلْمَ لِي بِهَا فَرَدُّوا الْأَمْرَ إِلَى عِيسَى فَقَالَ أَمَّا وَجْبَتُهَا فَلَا يَعْلَمُهَا أَحَدٌ إِلَّا اللَّهُ ذَلِكَ وَفِيمَا عَهِدَ إِلَيَّ رَبِّي عَزَّ وَجَلَّ أَنَّ الدَّجَّالَ خَارِجٌ قَالَ وَمَعِي قَضِيبَانِ فَإِذَا رَآنِي ذَابَ كَمَا يَذُوبُ الرَّصَاصُ قَالَ فَيُهْلِكُهُ اللَّهُ حَتَّى إِنَّ الْحَجَرَ وَالشَّجَرَ لَيَقُولُ يَا مُسْلِمُ إِنَّ تَحْتِي كَافِرًا فَتَعَالَ فَاقْتُلْهُ قَالَ فَيُهْلِكُهُمُ اللَّهُ ثُمَّ يَرْجِعُ النَّاسُ إِلَى بِلَادِهِمْ وَأَوْطَانِهِمْ قَالَ فَعِنْدَ ذَلِكَ يَخْرُجُ يَأْجُوجُ وَمَأْجُوجُ وَهُمْ مِنْ كُلِّ حَدَبٍ يَنْسِلُونَ فَيَطِئُونَ بِلَادَهُمْ لَا يَأْتُونَ عَلَى شَيْءٍ إِلَّا أَهْلَكُوهُ وَلَا يَمُرُّونَ عَلَى مَاءٍ إِلَّا شَرِبُوهُ ثُمَّ يَرْجِعُ النَّاسُ إِلَيَّ فَيَشْكُونَهُمْ فَأَدْعُو اللَّهَ عَلَيْهِمْ فَيُهْلِكُهُمُ اللَّهُ وَيُمِيتُهُمْ حَتَّى تَجْوَى الْأَرْضُ مِنْ نَتْنِ رِيحِهِمْ قَالَ فَيُنْزِلُ اللَّهُ عَزَّ وَجَلَّ الْمَطَرَ فَتَجْرُفُ أَجْسَادَهُمْ حَتَّى يَقْذِفَهُمْ فِي الْبَحْرِ قَالَ أَبِي ذَهَبَ عَلَيَّ هَاهُنَا شَيْءٌ لَمْ أَفْهَمْهُ كَأَدِيمٍ وَقَالَ يَزِيدُ يَعْنِي ابْنَ هَارُونَ ثُمَّ تُنْسَفُ الْجِبَالُ وَتُمَدُّ الْأَرْضُ مَدَّ الْأَدِيمِ ثُمَّ رَجَعَ إِلَى حَدِيثِ هُشَيْمٍ قَالَ فَفِيمَا عَهِدَ إِلَيَّ رَبِّي عَزَّ وَجَلَّ أَنَّ ذَلِكَ إِذَا كَانَ كَذَلِكَ فَإِنَّ السَّاعَةَ كَالْحَامِلِ الْمُتِمِّ الَّتِي لَا يَدْرِي أَهْلُهَا مَتَى تَفْجَؤُهُمْ بِوِلَادِهَا لَيْلًا أَوْ نَهَارًا *

Met het bovenstaande weerleggen wij de bewering van de "Salafisten" dat de Profeet ﷺ geen kennis had van het verborgene. Dit cruciale aspect van de "Salafistische" afvalligheid qua geloof hebben wij ook nog eens gedetailleerd weergegeven in ons boek genaamd *Islamic Beliefs en Doctrine According to Ahl al-Sunna: A Repudiation of "Salafi" Innovations*. <u>Het is weldegelijk bewezen dat de Profeet ﷺ op de hoogte was van het verborgene buiten de vijf dingen</u>

waarvan hij zei dat het alleen Allah's voorrecht was. Reden genoeg om de volgende hadies te citeren:

Een man stelde de Profeet ﷺ verscheidene vragen, en één er van was: "Is er nog iets qua kennis overgebleven waar u niets van weet?" waarop de Profeet ﷺ zei: "Allah weet het het best. Er is een soort verborgen kennis die Allah alleen kent: met Hem is de kennis van het uur. Hij doet het regenen, Hij weet wat er in de baarmoeder is, geen ziel die weet wat hij morgen verdienen zal, en geen ziel die weet in welk land hij zal sterven (31:34)." Dit werd overlevert door Achmad. In de *Tafsier* van Ibn Kathir haalt hij het aan in Soerah Luqman. In *Majma al-zawa'id* (#116) zegt al-Haythami dat: "Abu Dawud een gedeelte ervan overleverde en dat alle overleveraars in Achmed's keten te vertrouwen zijn en dat zij Imams zijn."

(رواية أحمد) حَدَّثَنَا مُحَمَّدُ بْنُ جَعْفَرٍ حَدَّثَنَا شُعْبَةُ عَنْ مَنْصُورٍ عَنْ رِبْعِيِّ بْنِ حِرَاشٍ عَنْ رَجُلٍ مِنْ بَنِي عَامِرٍ أَنَّهُ اسْتَأْذَنَ عَلَى النَّبِيِّ صَلَّى اللَّهم عَلَيْهِ وَسَلَّمَ فقَالَ أَأَلِجُ فقَالَ النَّبِيُّ صَلَّى اللَّهم عَلَيْهِ وَسَلَّمَ لِخَادِمِهِ اخْرُجِي إِلَيْهِ فَإِنَّهُ لَا يُحْسِنُ الِاسْتِئْذَانَ فقُولِي لَهُ فَلْيَقُلْ السَّلَامُ عَلَيْكُمْ أَدْخُلُ قَالَ فَسَمِعْتُهُ يَقُولُ ذَلِكَ فقُلْتُ السَّلَامُ عَلَيْكُمْ أَدْخُلُ قَالَ فَأَذِنَ أَوْ قَالَ فَدَخَلْتُ فقُلْتُ بِمَ أَتَيْتَنَا بِهِ قَالَ لَمْ آتِكُمْ إِلَّا بِخَيْرٍ أَتَيْتُكُمْ أَنْ تَعْبُدُوا اللَّهَ وَحْدَهُ لَا شَرِيكَ لَهُ قَالَ شُعْبَةُ وَأَحْسِبُهُ قَالَ وَحْدَهُ لَا شَرِيكَ لَهُ وَأَنْ تَدَعُوا اللَّاتَ وَالْعُزَّى وَأَنْ تُصَلُّوا بِاللَّيْلِ وَالنَّهَارِ خَمْسَ صَلَوَاتٍ وَأَنْ تَصُومُوا مِنَ السَّنَةِ شَهْرًا وَأَنْ تَحُجُّوا الْبَيْتَ وَأَنْ تَأْخُذُوا مِنْ مَالِ أَغْنِيَائِكُمْ فَتَرُدُّوهَا عَلَى فُقَرَائِكُمْ قَالَ فقَالَ هَلْ بَقِيَ مِنَ الْعِلْمِ شَيْءٌ لَا تَعْلَمُهُ قَالَ قَدْ عَلِمَ اللَّهُ عَزَّ وَجَلَّ خَيْرًا وَإِنَّ مِنَ الْعِلْمِ مَا لَا يَعْلَمُهُ إِلَّا اللَّهُ (إِنَّ اللَّهَ عِنْدَهُ عِلْمُ السَّاعَةِ وَيُنَزِّلُ الْغَيْثَ وَيَعْلَمُ مَا فِي الْأَرْحَامِ وَمَا تَدْرِي نَفْسٌ مَاذَا تَكْسِبُ غَدًا وَمَا تَدْرِي نَفْسٌ بِأَيِّ أَرْضٍ تَمُوتُ إِنَّ اللَّهَ عَلِيمٌ خَبِيرٌ) *

9

Zij Ontkennen de Gelijkheid van Alle Mensen Binnen Allah's Schepping

De "Salafistische" aanvallers zeggen op pag. 7 van hun lasterlijk boekje:

> Het Islamitische geloof [is]: De gelovige en ongelovige zijn niet gelijk. Allah (swt) zegt in de Koran – *"het verschil van de twee partijen (gelovige en ongelovige) is net als de dove en blinde en de ziener en horige. Zijn zij gelijk wanneer je ze vergelijkt? Wil je hier dan geen aandacht aan schenken?"* (Koran, hoofdstuk 11, vers 24) [maar] De Naqshbandi geloof [is]: gelovigen en ongelovigen zijn gelijk.

Antwoord:

Allah zegt: *"Zij alleen produceren valsheid, zij die niet in Allah's openbaringen geloven. En zij zijn leugenaars."* (16:105) Zie hier hoe deze aanvallers een leugen smeden tegen moslims zonder vrees voor consequenties, door hun vals te beschuldigen van het tegenspreken van de woorden van Allah. Imam Tahawi zegt in zijn *Aqidah tawiyya* (#65): "alle gelovigen zijn vrienden van Allah," en Allah zegt in *hadies qudsi*: "wie een van Mijn vrienden onrecht aandoet die zal Ik de oorlog verklaren." Daarnaast gaf Hij nog eens een verschrikkelijke waarschuwing door te zeggen: *Zie daar! De vloek van Allah is op hen die slecht doen!"* (11:18)

Deze aanvallers probeerden ook de volgende bewijzen aan te halen om zo hun leugens tegen de Naqshbandi's verder te onderbouwen. De volgende passages komen uit *De Naqshbandi Sufi Way (De Naqshbandi Soefi weg)*:

"Allah maakt geen onderscheid tussen een ongelovige en een *fasiq* (slechterik) of tussen een gelovige en een moslim. Zij zijn in feite allemaal gelijk aan Hem."

Dit hebben ze bewust uit een veel langere zin gehaald.

"Allah maakt geen onderscheid tussen een kafir of een hypocriet of tussen een Heilige en een Profeet ﷺ."

Ook dit is uit een veel langere zin geknipt.

Hier is, Oh moslim lezer, de originele tekst van beide passages, zodat je met eigen ogen kunt zien hoever Shaytan's pogingen gaan bij het veroordelen van mensen, terwijl de manieren van een ware gelovige van zo een aard moet zijn, dat hij altijd naar zeventig excuses zoekt om zijn broeder te verontschuldigen. De weg van Shaytan is duidelijk de weg van leugens, en de Profeet ﷺ zegt daartegenover een gelovige liegt nooit.

1. Onze zeer gerespecteerde meester zegt: als een ongelovige *al-Fatiha* zou reciteren, zelfs maar één keer in zijn leven, hij deze aarde niet zal verlaten zonder op zijn minst een van de goddelijke gunsten te krijgen, want Allah maakt geen onderscheid tussen een ongelovige en een *fasiq* (slechterik) of tussen een gelovige en een moslim [voetnoot] in feite zijn zij allemaal gelijk aan Hem, sinds zij allen inbegrepen zijn in de Ayah: (Ik zoek mijn toevlucht bij Allah) **"En Wij hebben de zonen van Adam geëerd."** (17:70)

2. Dus mijn kinderen, weet dat als een ongelovige of hypocriet deze soerah [al-Inshirah] reciteert of een van de verzen ervan, en dan met name: (Ik zoek mijn toevlucht bij Allah) *[fa] inna ma 'al-yusri yusran, inna ma 'al-yusri yusra* (94:5-6) hij zeker een van die goddelijke gunsten (*Tajallis*) en deugden zal krijgen, omdat Allah geen onderscheid maakt tussen de *Kafir* en een hypocriet, of tussen een Heilige en een Profeet ﷺ. Alle dienaren zijn gelijk in de ogen van Allah

> omdat zij allemaal inbegrepen zijn in de volgende vers: *[wa] la-qad karramna bani Adam.* (17:70)

Hopelijk dat de "Salafistische" methodes voor u nu net zo duidelijk is als de dag van de nacht: zij ontrekken van de bovenstaande passages net datgene wat genoeg is om een dubieuze vorm te creëren, **waarbij zij zelfs de verzen van Allah weglieten, waar namelijk al die passages uit voortkwamen!** Dit is niet anders dan wat de Joden en Christenen vandaag de dag in de media doen wanneer ze de Islamitische religie aanvallen en daarbij alleen maar datgene belichten wat het "Terrorisme" in hun opinie voedt en het feit dat Islam de religie van vrede en beschaving is weglaten.

Wat ook opvallend is, is dat het originele boek waaruit de "Salafisten" deze passages hebben gehaald **de uitleg in de voetnoot bestaande uit drie pagina's wat een toevoeging is aan passage (1) weglieten.** Het spreekt voor zich dat ze dit niet hebben aangehaald omdat zij niet geïnteresseerd zijn in het vergaren van *Hikma* – wijsheid – maar alleen maar in het verspreiden van *su' al-zann* – verkeerde opinies – over andere moslims!

Werkelijk, onze Sheich Maulana Nazim Adil Al-Haqqani sprak de waarheid toen hij over hen, de "Salafisten", zei:

> Deze mensen hebben een beetje kennis gekregen maar absoluut geen wijsheid. Allah zegt: *yu'ti al-hikmata man yasha, wa man utiya al-hikmata utiya khayran kathiran – "Hij geeft wijsheid aan wie Hij wil, en degene die wijsheid heeft gekregen, kreeg iets ontzettend goed"* (2:269). Allah de Almachtige heeft niet iedereen wijsheid gegeven. Er zijn zo veel mensen die op Amerikaanse universiteiten Islamitische wetenschappen bestuderen, maar wat men niet beseft is dat het hen nog geen *mu'mins* (gelovige) maakt, want het enige wat zij doen is alleen boeken lezen. En wijsheid is [iets anders, het is namelijk] een totaalsom van kennis. Zonder wijsheid heeft kennis geen waarde.

Wij publiceren dit boekje niet om de schuldigen te overtuigen, want Allah zegt: *"je kunt werkelijk de doden niet doen horen en de doven de roeping doen horen wanneer zij hun rug gekeerd hebben in afzondering"* (27:80), maar hoe dan ook zullen we ons wel richten op de oprechte moslim broeders die blootgesteld worden aan hun manipulaties en die ons gevraagd hebben om hen eens en voor altijd tegen te spreken. En alle lof behoort aan Allah.

Hieronder is de uitleg te lezen, die te maken heeft met de passages (1) en (2). Iets wat de "Salafisten" trachtten te verbergen toen zij een deel van de originele tekst citeerden uit het boek van *De Naqshbandi Sufi Way: A Guidebook for Spiritual Progress*:

> De grootmeester zei dat Allah de Almachtige al Zijn dienaren met gelijkenis bekijkt. Heeft dit verder nog eigenlijk uitleg nodig? Kan iemand dit hier werkelijk tegenspreken? Zo, ja hoe kunnen zij dat dan wanneer zij keer op keer in gebed staan en de Fatiha lezen Hem aanspreken met "Heer der Werelden"? Want als Hij niet de "Heer der Werelden" zou zijn, dan zou Hij zichzelf wel als "Heer der Moslims" genoemd hebben! Als deze mensen zich niet kunnen vinden in hetgeen de grootmeester zegt; dan moeten zij maar de Koran gaan veranderen op een zodanige manier dat er "Heer der Moslims" zal staan in plaats van "Heer der Werelden" – en zoiets doen zou zeker openlijke laster zijn! Als zij de uitleg van de grootmeester tegenspreken dat er voor Allah's aangezicht elke dienaar gelijk is en dit zien als een fout, dan zijn zij in werkelijkheid buiten Islam getreden.

10

Zij Ontkennen de Status van de Profeten als Zijnde Bemiddelaars Tussen Allah en de Schepping

Dit is een fundamenteel stukje geloof van de "Salafisten" wat wederom ontzettend belangrijk is voor moslims en waarvoor herhaaldelijk gewaarschuwd dient te worden.

De "Salafisten" schrijven in hun misleidend boekje: "**Het Islamitisch geloof [is]: Er bestaat geen bemiddelaars tussen Allah en de Mens**." Dit dus is het "Salafistische" geloof. Want wat het Islamitisch geloof betreft op basis van de Ahl al-Soenna, is het als volgt uitgedrukt in het boek *al-Shifa* van Qadi Iyad:

> **Profeten en Boodschappers zijn bemiddelaars tussen Allah en Zijn schepping**. Zij brengen Zijn geboden en verboden, Zijn waarschuwingen en dreigingen aan Zijn schepsels en zij brengen hen op de hoogte van dingen die zij niet konden betreffende Zijn geboden, schepping, majesteit, macht en Zijn soevereiniteit.[14]

De vraag is: of de ontkenning van bemiddelaars tussen Allah en de schepping afkomstig van de "Salafistische" leer niet tot ongeloof leidt? Want geloof in de status van de Profeten is een verplichting binnen Islam en hun rol als bemiddelaars is de hoeksteen van hun status.

Daarnaast is de bemiddeling van mensen die zelf geen Profeten zijn ook welbekend.

---

[14] Van de vertaling van Qadi `Iyad al-Maliki's *al-Shifa'* door `A'isha Bewley, Madinah Press, pag. 277-278.

Iets wat in de Aqidah Tahawiyya van Imam al-Tahawi, in Ghazali's al-Iqtisad en ook in de hoofdstuk gewijd aan Aqidah in het boek *Ihya*, in het werk van al-Ash'ari en zelfs in de *Aqidah wasitiyya* van Ibn Taymiyya wordt bevestigd. Imam Ghazali zegt in zijn *Ihya*, in het onderdeel dat over doctrine gaat:

> Het is verplicht te moeten geloven in de bemiddeling van allereerst de Profeten, dan de religieuze geleerden, dan de martelaren en andere gelovigen. De bemiddeling van elk van hun hangt nauw samen met hun rang en positie bij Allah de meest Verhevene.[15]

De Profeet ﷺ zegt in een bekende hadies over de grote bemiddeling, vertelt in het laatste boek van Bukhari namelijk de Sahih (over *Tawhid*), en ook in het eerste boek van Muslim de Sahih (over *Iman*), **dat de Profeet ﷺ vier maal voor Allah zal buigen en voor ons zal bemiddelen, dan krijgt hij de toestemming om de mensen uit het vuur te halen**:

> De Profeet ﷺ vertelde ons: dat er op de dag van de wederopstanding mensen tussen verschillende groepen heen zullen schommelen als een zeegolf en vervolgens bij Adam zullen komen en vragen: "wilt u alstublieft bemiddelen voor ons bij uw Heer." Dan zal hij zeggen: "ik ben er niet bekwaam genoeg voor. Je zou je moeten richten tot Ibrahim (*Abraham*) omdat hij een intieme vriend (*Khalil*) van de Barmhartige is." Dan zullen ze bij Ibrahim komen en die zal vervolgens zeggen: "Ik ben er niet bekwaam genoeg voor, maar je kunt je tot Musa (Mozes) wenden omdat hij degene is tot wie Allah direct gesproken heeft." Dan gaan ze naar Musa en die zegt dan ook: "ik ben er niet bekwaam genoeg voor, wendt je tot Isa (Jezus) omdat hij de ziel is die (direct) door Allah's woord (wees!) geschapen is."

---

[15] al-Ghazali, *Ihya `ulum al-din* (beginning), vert. Nuh Keller in *Reliance of the Traveller* pag. 824.

Dan komen zij bij Isa die vervolgens zegt: "ik ben er niet bekwaam voor, maar wendt je tot Muhammad." **Dan zullen zij bij mij komen en dan zal ik zeggen: "dat kan ik."** Dan zal ik de schepper toestemming vragen wat me dan gegeven zal worden…

Vervolgens zal ik Hem met dezelfde lofprijzingen prijzen en neerbuigen voor Hem. Dan zal er gezegd worden: "Oh Mohammed, verhef je hoofd en richt je tot Mij, want naar jou zal Ik luisteren; vraag, want datgene zal je worden gegeven; bemiddel (pleit), want jou bemiddeling zal geaccepteerd worden." Ik zal zeggen: "Oh Heer, mijn gemeenschap! Mijn gemeenschap!" En dan zal er gezegd worden: "Ga en neem al hen uit het vuur die een graantje aan geloof hebben in hun hart." Ik zal vervolgens gaan en doen wat mij opgedragen is…

(رواية البخاري) حَدَّثَنَا سُلَيْمَانُ بْنُ حَرْبٍ حَدَّثَنَا حَمَّادُ بْنُ زَيْدٍ حَدَّثَنَا مَعْبَدُ بْنُ هِلَالٍ الْعَنَزِيُّ قَالَ اجْتَمَعْنَا نَاسٌ مِنْ أَهْلِ الْبَصْرَةِ فَذَهَبْنَا إِلَى أَنَسِ بْنِ مَالِكٍ وَذَهَبْنَا مَعَنَا بِثَابِتٍ الْبُنَانِيِّ إِلَيْهِ يَسْأَلُهُ لَنَا عَنْ حَدِيثِ الشَّفَاعَةِ فَإِذَا هُوَ فِي قَصْرِهِ فَوَافَقْنَاهُ يُصَلِّي الضُّحَى فَاسْتَأْذَنَّا فَأَذِنَ لَنَا وَهُوَ قَاعِدٌ عَلَى فِرَاشِهِ فَقُلْنَا لِثَابِتٍ لَا تَسْأَلْهُ عَنْ شَيْءٍ أَوَّلَ مِنْ حَدِيثِ الشَّفَاعَةِ فَقَالَ يَا أَبَا حَمْزَةَ هَؤُلَاءِ إِخْوَانُكَ مِنْ أَهْلِ الْبَصْرَةِ جَاءُوكَ يَسْأَلُونَكَ عَنْ حَدِيثِ الشَّفَاعَةِ فَقَالَ حَدَّثَنَا مُحَمَّدٌ صَلَّى اللَّهُم عَلَيْهِ وَسَلَّمَ قَالَ إِذَا كَانَ يَوْمُ الْقِيَامَةِ مَاجَ النَّاسُ بَعْضُهُمْ فِي بَعْضٍ فَيَأْتُونَ آدَمَ فَيَقُولُونَ اشْفَعْ لَنَا إِلَى رَبِّكَ فَيَقُولُ لَسْتُ لَهَا وَلَكِنْ عَلَيْكُمْ بِإِبْرَاهِيمَ فَإِنَّهُ خَلِيلُ الرَّحْمَنِ فَيَأْتُونَ إِبْرَاهِيمَ فَيَقُولُ لَسْتُ لَهَا وَلَكِنْ عَلَيْكُمْ بِمُوسَى فَإِنَّهُ كَلِيمُ اللَّهِ فَيَأْتُونَ مُوسَى فَيَقُولُ لَسْتُ لَهَا وَلَكِنْ عَلَيْكُمْ بِعِيسَى فَإِنَّهُ رُوحُ اللَّهِ وَكَلِمَتُهُ فَيَأْتُونَ عِيسَى فَيَقُولُ لَسْتُ لَهَا وَلَكِنْ عَلَيْكُمْ بِمُحَمَّدٍ صَلَّى اللَّهُم عَلَيْهِ وَسَلَّمَ فَيَأْتُونِي فَأَقُولُ أَنَا لَهَا فَأَسْتَأْذِنُ عَلَى رَبِّي فَيُؤْذَنُ لِي وَيُلْهِمُنِي مَحَامِدَ أَحْمَدُهُ بِهَا لَا تَحْضُرُنِي الْآنَ فَأَحْمَدُهُ بِتِلْكَ الْمَحَامِدِ

وَأَخِرُّ لَهُ سَاجِدًا فَيَقُولُ يَا مُحَمَّدُ ارْفَعْ رَأْسَكَ وَقُلْ يُسْمَعْ لَكَ وَسَلْ تُعْطَ وَاشْفَعْ تُشَفَّعْ فَأَقُولُ يَا رَبِّ أُمَّتِي أُمَّتِي فَيَقُولُ انْطَلِقْ فَأَخْرِجْ مِنْهَا مَنْ كَانَ فِي قَلْبِهِ مِثْقَالُ شَعِيرَةٍ مِنْ إِيمَانٍ فَأَنْطَلِقُ فَأَفْعَلُ ثُمَّ أَعُودُ فَأَحْمَدُهُ بِتِلْكَ الْمَحَامِدِ ثُمَّ أَخِرُّ لَهُ سَاجِدًا فَيُقَالُ يَا مُحَمَّدُ ارْفَعْ رَأْسَكَ وَقُلْ يُسْمَعْ لَكَ وَسَلْ تُعْطَ وَاشْفَعْ تُشَفَّعْ فَأَقُولُ يَا رَبِّ أُمَّتِي أُمَّتِي فَيَقُولُ انْطَلِقْ فَأَخْرِجْ مِنْهَا مَنْ كَانَ فِي قَلْبِهِ مِثْقَالُ ذَرَّةٍ أَوْ خَرْدَلَةٍ مِنْ إِيمَانٍ فَأَخْرِجْهُ فَأَنْطَلِقُ فَأَفْعَلُ ثُمَّ أَعُودُ فَأَحْمَدُهُ بِتِلْكَ الْمَحَامِدِ ثُمَّ أَخِرُّ لَهُ سَاجِدًا فَيَقُولُ يَا مُحَمَّدُ ارْفَعْ رَأْسَكَ وَقُلْ يُسْمَعْ لَكَ وَسَلْ تُعْطَ وَاشْفَعْ فَأَقُولُ يَا رَبِّ أُمَّتِي أُمَّتِي فَيَقُولُ انْطَلِقْ فَأَخْرِجْ مَنْ كَانَ فِي قَلْبِهِ أَدْنَى أَدْنَى مِثْقَالِ حَبَّةِ خَرْدَلٍ مِنْ إِيمَانٍ فَأَخْرِجْهُ مِنَ النَّارِ فَأَنْطَلِقُ فَأَفْعَلُ فَلَمَّا خَرَجْنَا مِنْ عِنْدِ أَنَسٍ قُلْتُ لِبَعْضِ أَصْحَابِنَا لَوْ مَرَرْنَا بِالْحَسَنِ وَهُوَ مُتَوَارٍ فِي مَنْزِلِ أَبِي خَلِيفَةَ فَحَدَّثْنَاهُ بِمَا حَدَّثَنَا أَنَسُ بْنُ مَالِكٍ فَأَتَيْنَاهُ فَسَلَّمْنَا عَلَيْهِ فَأَذِنَ لَنَا فَقُلْنَا لَهُ يَا أَبَا سَعِيدٍ جِئْنَاكَ مِنْ عِنْدِ أَخِيكَ أَنَسِ بْنِ مَالِكٍ فَلَمْ نَرَ مِثْلَ مَا حَدَّثَنَا فِي الشَّفَاعَةِ فَقَالَ هِيهِ فَحَدَّثْنَاهُ بِالْحَدِيثِ فَانْتَهَى إِلَى هَذَا الْمَوْضِعِ فَقَالَ هِيهِ فَقُلْنَا لَمْ يَزِدْ لَنَا عَلَى هَذَا فَقَالَ لَقَدْ حَدَّثَنِي وَهُوَ جَمِيعٌ مُنْذُ عِشْرِينَ سَنَةً فَلَا أَدْرِي أَنَسِيَ أَمْ كَرِهَ أَنْ تَتَّكِلُوا قُلْنَا يَا أَبَا سَعِيدٍ فَحَدِّثْنَا فَضَحِكَ وَقَالَ خُلِقَ الْإِنْسَانُ عَجُولًا مَا ذَكَرْتُهُ إِلَّا وَأَنَا أُرِيدُ أَنْ أُحَدِّثَكُمْ كَمَا حَدَّثَكُمْ بِهِ قَالَ ثُمَّ أَعُودُ الرَّابِعَةَ فَأَحْمَدُهُ بِتِلْكَ الْمَحَامِدِ ثُمَّ أَخِرُّ لَهُ سَاجِدًا فَيُقَالُ يَا مُحَمَّدُ ارْفَعْ رَأْسَكَ وَقُلْ يُسْمَعْ وَسَلْ تُعْطَهْ وَاشْفَعْ تُشَفَّعْ فَأَقُولُ يَا رَبِّ ائْذَنْ لِي فِيمَنْ قَالَ لَا إِلَهَ إِلَّا اللَّهُ فَيَقُولُ وَعِزَّتِي وَجَلَالِي وَكِبْرِيَائِي وَعَظَمَتِي لَأُخْرِجَنَّ مِنْهَا مَنْ قَالَ لَا إِلَهَ إِلَّا اللَّهُ *

**Een heel belangrijk punt is dat deze fundamentele en authentieke hadies met een zoektocht begint van mensen die naar Allah's bemiddelaars zoeken temidden van de Profeten, en dat elk van deze Profeten hen adviseert bij een ander te gaan voor bemiddeling totdat onze Profeet ﷺ zegt: "IK ZAL HET DOEN." – oh "Salafisten" beweren jullie te zeggen dat dit niet voorkomt binnen het Islamitisch geloof?

Inderdaad het geloof van de "Salafisten" is het tegenovergestelde van wat er hierboven vermeld staat. Zoals wij in een van de publicaties (genaamd '*al-wala wa al-bara*') van de "Salafisten" tegen gekomen zijn, waar er een achterlijke uitspraak wordt gemaakt, dat er van de tien daden die tegen Islam ingaan, een ervan het volgende is: "het rekenen op een tussenpersoon tussen jou en Allah, wanneer je bemiddeling zoekt"![16]

Het is een absurde uitspraak; want het woord "bemiddelaar" betekent hetzelfde als "tussenpersoon". En hoe is het verder mogelijk een tussenpersoon te zoeken maar ondertussen niet op hem te rekenen? Het zou zeker géén daad van een gelovige zijn. Wel van een dubieus persoon! Maar goed los van de taal en logica hierin, staat er duidelijk in de hadies betreffende de grote bemiddeling in Bukhari en Muslim dat **mensen zullen zoeken en rekenen op bemiddelaars temidden van de Profeten, tot zij bij de zegel der Profeten komen en op zijn bemiddeling zullen rekenen, en hij bevestigt dat hij hun verzoek zal vervullen**. Dit is een van de punten die de Profeet ﷺ geprezen had in de hadies overlevert door Jabir van Bukhari en Muslim: "er zijn mij vijf dingen geschonken die geen Profeet ﷺ voor mij ooit gekregen heeft..." (en de vijfde is:) "ik kreeg *shafa'a* (bemiddeling bij Allah)."

(رواية البخاري) حَدَّثَنَا مُحَمَّدُ بْنُ سِنَانٍ قَالَ حَدَّثَنَا هُشَيْمٌ قَالَ حَدَّثَنَا سَيَّارٌ هُوَ أَبُو الْحَكَمِ قَالَ حَدَّثَنَا يَزِيدُ الْفَقِيرُ قَالَ حَدَّثَنَا جَابِرُ بْنُ عَبْدِاللَّهِ قَالَ قَالَ رَسُولُ اللَّهِ صَلَّى اللَّهُ عَلَيْهِ وَسَلَّمَ أُعْطِيتُ خَمْسًا لَمْ يُعْطَهُنَّ أَحَدٌ مِنَ الْأَنْبِيَاءِ قَبْلِي نُصِرْتُ

---

[16] Muhammad Saeed al-Qahtani, *al-Wala' wa al-bara' according to the `Aqeedah of the Salaf* (Londen: al-Firdous Ltd., 1993) pag. 99.

> بِالرُّعْبِ مَسِيرَةَ شَهْرٍ وَجُعِلَتْ لِيَ الأَرْضُ مَسْجِدًا وَطَهُورًا وَأَيُّمَا رَجُلٍ مِنْ أُمَّتِي أَدْرَكَتْهُ الصَّلَاةُ فَلْيُصَلِّ وَأُحِلَّتْ لِيَ الْغَنَائِمُ وَكَانَ النَّبِيُّ يُبْعَثُ إِلَى قَوْمِهِ خَاصَّةً وَبُعِثْتُ إِلَى النَّاسِ كَافَّةً وَأُعْطِيتُ الشَّفَاعَةَ *

Wat is dan de reden, om de bemiddeling van de Profeet ﷺ terugbrengen tot "een ongekende daad binnen Islam" dan alleen maar de status van de Profeet ﷺ zelf te verlagen en zijn bemiddeling te verbieden? Wat een natuurlijke conclusie van de "Salafistische" filosofie is, zoals uitgedrukt door hun woordvoerder Mohammed Uthaymin die het volgende schreef over Ibn Taymiyya in zijn commentaar genaamd *Sharh al-Aqidah al-wasitiyya*:

> **Wij geloven dat alle boodschappers gewone mensen zijn, die geen van alle goddelijke eigenschappen bezitten.**
>
> -- Uthaymin, *Sharh al-Aqidah al-wasitiyya*

Vergelijk nu zelf eens hun manier van praten met de woorden van de Ahl al-Soenna geleerden over hetzelfde onderwerp en weet dan ook gelijk dat deze denigrerende houding naar de Profeten toe, de algemene houding van de Wahabistische en Salafistische propagandisten is ten opzichte van de Profeet ﷺ en zijn status. Wat op zichzelf genoeg reden is om hun te beschuldigen van extreme afwijkingen binnen het geloof van de Ahl al-Soenna of misschien zelfs erger. <u>Alle Moslims van het Oosten en het Westen; in Europa, Amerika, Afrika, Zuidoost Azië en de Subcontinenten moeten weten dat de "Salafistische" weg een pad is van schande, grove fouten en afvalligheid en onze toevlucht is tot Allah.</u>

De juiste houding en toon hieromtrent kunnen we terug vinden in *al-Shifa* van al-Qadi Iyad in een sectie genaamd: "Hoe Allah de Profeet ﷺ met tal van Zijn schone namen heeft vereerd en hem met Zijn sublieme kwaliteiten beschreef" waarover Iyad zegt:

Weet dat Allah eervolle tekens gegeven heeft aan Zijn Profeten door hun met Zijn namen te bekleden. Hij noemt bijvoorbeeld Ishaq en Isma'il "Kenner" (`Alim`) en "Tolerant" (*Halim*), Ibrahim "Tolerant" (*Halim*), Nuh "Dankbaar" (*Shakur*), Musa "Nobel" (*Karim*), en "Sterk" (*Qawi*), Yusuf "een Beschermende Kenner" (*Hafiz*, `Alim`), Ayyub "Geduldig" (*Sabur*), Isa en Yahya "Toegewijd" (*Barr*), en Isma'il "Trouw aan de Belofte" (*Sadiq al-wa'd*)… **En desondanks heeft Hij toch onze Profeet ﷺ uitgekozen en hem bekleed met tal van Zijn namen** in Zijn Heilige Boek en op de tongen van Zijn Profeten. Deze namen hebben wij verzameld, nadat wij ons verder zijn gaan verdiepen in deze materie, reden omdat niemand zich voorheen ermee bezighield en zij tot op heden nooit eerder verzameld en of gebundeld was. **Wij hebben een paar van deze namen geregistreerd… het zijn er een stuk of 30**. [dan gaat hij verder en weerlegt de namen. Zij zijn: *Achmad, al-Ra'uf, al-Rahim, Al-Haqq, al-Nur, al-Shahid, al-Karim, al-Azim, al-Jabbar, al-Khabir, al-Fattah, al-Shakur, al-Alim, al-Allam, al-Awwal, al-Akhir, al-Qawi, al-Sadiq, al-Wali, al-Mawla, 'Afw, al-Hadi, al-Mu'min, al-Quddus/Muqaddas, al-Aziz, al-Bashir, al-Nadhir, Ta Ha, Ya'sien.*]

Is dan het bovenstaande van Qadi Iyad op zichzelf dan niet verlichte woorden in tegenstelling tot de uitspraak: "Wij geloven dat alle boodschappers gewone mensen zijn, die geen van alle goddelijke eigenschappen bezitten"?

Opmerkelijk is dat uiterste respect en verheerlijking voor de Profeet ﷺ hele belangrijke takken (punten) zijn in het geloof (*iman*) zoals de Profeet ﷺ zelf in een bekende hadies gezegd heeft: "Geloof bestaat uit zeventig of meer richtingen…" iets wat bij de behandeling van dit onderwerp wordt getoond door '*al-Hafiz*' Imam Bayhaqi in hoofdstuk 15 van zijn werk *Shu'ab al-Iman* (2:200 #1528), de titel van het hoofdstuk heet:

De vijftiende tak van het geloof, namelijk een hoofdstuk over het geven van eer aan de Profeet ﷺ, het verklaren van zijn hoge status en hem respecteren (*al-khamis ashar min shu'ab al-iman wa huwa babun fi ta'zim al-nabi salallahu alayhi wa salam wa ijlalihi wa tawqirih*).

In de Heilige Koran zegt Allah:

Is het een wonder voor de mensen dat wij onze openbaringen aan een man temidden van hun gezonden hebben? Dat hij de mensheid moest waarschuwen en de gelovigen blijde tijding geven dat zij bij hun Heer een trouwe steunpunt/voorloper hebben. Maar de ongelovigen zeggen [hieromtrent]: dit is duidelijk een tovenaar. (10:2)

Het volgende is een reeks gegeven commentaren op de uitdrukking "een trouwe steunpunt/voorloper" (*qadama sidqin*):

"Een trouwe steunpunt/voorloper": in de *Sahih van Bukhari* [*Tafsier* boek voor Soera Yunus, hfdst. 1], de *Jami al-bayan* van Tabari, *al-Jami li al-ahkam* van Qurtubi, de *Tafsier* van Ibn Uyayna, de *Tafsier* van Ibn Kathier, *al-Durr al-Manthur en al-Riyad al-Aniqa* van Suyuti, *Majma al-amthal* van Abu al-Fadl al-Maydani, de *Tafsier* van Ibn Mardawayh, *Tafsier* van Ibn Abi Hatim en vele andere staat er, met toestemming van de metgezellen: Ali ibn Abi Talib en Abu Sa'id al-Khudri en de Tabi'in: al-Hassan, Qatada, Mujahid, Zayd ibn Aslam, Bakkar ibn Malik, en Muqatil: "het is Mohammed, vrede en zegeningen zijn met hem."

Qurtubi zei: "Het is Mohammed ﷺ, omdat hij een bemiddelaar is die de mensen gehoorzamen en hen voorgaat zoals hij zei: Ik zal jullie verkenner zijn bij de vijver (*ana faratukum ala al-hawd*). En ze vroegen hem om de betekenis hierover en toen zei hij: **Het is mijn bemiddeling, wat je als middel naar jou Heer toe kan gebruiken** (*Hiya shafa ati tawassaluna bi ila rabbikum*)."

Ibn Kathier vermeldde de betekenis van hem in zijn *Tafsier* (2:406, 4:183) zo ook deed al-Razi (hervormer van de zesde Islamitische eeuw) dat in zijn *Tafsier* (8:242).

Al-Hakim al-Tirmidhi (d. 320) zei: "Allah gaf hem voorrang (*qaddamahu*) met de veruit geprezen station (*al-maqam al-mahmud*)." Wat Qurtubi ook heeft vermeld.

Suyuti zei: "Ibn Jarir al-Tabari en Abu al-Sheich (dat is Abd Allah ibn Muhammad al-Asbahani) vertelde dat al-Hassan gezegd had: het is Mohammed ﷺ die een bemiddelaar is op de dag van de wederopstanding; en Ibn Mardawayh vertelt van Ali ibn Abi Talib via al-Harith en Abu Sa'id al-Khudri via Atiyya: Het is Mohammed ﷺ, hij is in naam van hen een ware (goede) bemiddelaar bij de wederopstanding."

11

De Realiteit dat er Tussenpersonen Zijn op de dag des Oordeels Ontkennen Zij

Het afwijkende geloof van de "Salafisten" die de realiteit van tussenpersonen op de dag des oordeels ontkennen, herleidt zich af van de vorige vraag, waarbij zij de status van profeten als zijnde bemiddelaars tussen de schepping en Allah al ontkende. Het is natuurlijk makkelijker om de rest van de mogelijke bemiddelaars te ontkennen net nadat je de profeten ontkend hebt. Wij zoeken onze toevlucht bij Allah voor de verwarringen die zij scheppen.

Een van de aangehaalde bewijzen die zij gebruikten om het hebben van bemiddelaars op de dag des oordeels tegen te spreken is het volgende:

> "niemand van jullie zal eraan ontkomen om met zijn Heer te praten, zonder enige woordvoerder tussen hem en zijn Heer." (*Sunan* ibn Majah)

Antwoord:

Zoals wij al eerder zeiden bestaat de methode van de "Salafisten" namelijk uit <u>het uit de context halen en vervolgens veranderen van de waarheid</u>. Dit doen zij met de Koran en de Hadies, daarom is het dan ook geen wonder dat zij dit bij gewone mensen doen! **Ten eerste, in het Arabisch zegt de hadies geen woordvoerder maar vertaler** *(turjuman)*; ten tweede, deze hadies is ook verteld door Bukhari en Muslim die beide geciteerd dienen te worden boven die van Ibn Majah; ten derde, de complete hadies overgeleverd door Bukhari (*Zakat* boek), Muslim **en ook door Ibn Majah** luidt als volgt; zoals vertelt door Hatim ibn Adi zei de Profeet ﷺ:

> "Geen van jullie zal er aan ontkomen met zijn Heer te praten op de dag des oordeels zonder een vertaler tussen hem en zijn Heer. Hij zal zoeken en niets

voor hem treffen, dan zal hij de helvuur vóór hem zien. Daarom voor degene voor wie het mogelijk is laat hem zichzelf beschermen voor het vuur, zelfs als het met een dadel zou moeten."

> (رواية البخاري) حَدَّثَنَا عُمَرُ بْنُ حَفْصٍ حَدَّثَنَا أَبِي قَالَ حَدَّثَنِي الْأَعْمَشُ قَالَ حَدَّثَنِي خَيْثَمَةُ عَنْ عَدِيِّ بْنِ حَاتِمٍ قَالَ قَالَ النَّبِيُّ صَلَّى اللَّهم عَلَيْهِ وَسَلَّمَ مَا مِنْكُمْ مِنْ أَحَدٍ إِلَّا وَسَيُكَلِّمُهُ اللَّهُ يَوْمَ الْقِيَامَةِ لَيْسَ بَيْنَ اللَّهِ وَبَيْنَهُ تُرْجُمَانٌ ثُمَّ يَنْظُرُ فَلَا يَرَى شَيْئًا قُدَّامَهُ ثُمَّ يَنْظُرُ بَيْنَ يَدَيْهِ فَتَسْتَقْبِلُهُ النَّارُ فَمَنِ اسْتَطَاعَ مِنْكُمْ أَنْ يَتَّقِيَ النَّارَ وَلَوْ بِشِقِّ تَمْرَةٍ قَالَ الْأَعْمَشُ حَدَّثَنِي عَمْرٌو عَنْ خَيْثَمَةَ عَنْ عَدِيِّ بْنِ حَاتِمٍ قَالَ قَالَ النَّبِيُّ صَلَّى اللَّهم عَلَيْهِ وَسَلَّمَ اتَّقُوا النَّارَ ثُمَّ أَعْرَضَ وَأَشَاحَ ثُمَّ قَالَ اتَّقُوا النَّارَ ثُمَّ أَعْرَضَ وَأَشَاحَ ثَلَاثًا حَتَّى ظَنَنَّا أَنَّهُ يَنْظُرُ إِلَيْهَا ثُمَّ قَالَ اتَّقُوا النَّارَ وَلَوْ بِشِقِّ تَمْرَةٍ فَمَنْ لَمْ يَجِدْ فَبِكَلِمَةٍ طَيِّبَةٍ *

De betekenis van de hadies gaat dus NIET over een of meerdere tussenpersonen tussen de mens en Allah op de Dag des Oordeels. Degenen die dit beweren worden door de hadies al zelf tegengesproken. Omdat tarjuman – al-mu'abbir an lughatin bi lugha betekent oftewel "een die een taal in een ander taal uitdrukt" zoals verklaard door Ibn Hajar in *Fath al-Bari* (1989 ed 1:146). Het is: interpreteerder of vertaler geen bemiddelaar! En een ander belangrijk punt is dat <u>bemiddeling op de Dag des Oordeels een fundamentele geloofsprincipe is en zonder enige twijfel wordt bevestigd</u>. **Oh "Salafisten"! Weten jullie niet dat de Profeet ﷺ op de Dag des Oordeels voor zijn gemeenschap zal bemiddelen? Beweren jullie dat je zijn bemiddeling niet nodig zult hebben?**

Integendeel betekent de hadies – naast nog vele andere hiervan – dat gelovigen Allah zullen zien, Zijn stem direct zullen horen en dat zij dus *sadaqa* en **goeie daden vooruit moeten sturen die voor hem zullen spreken in de nabijheid van Allah,** ten opzichte van de positie van de ongelovige waarover Allah zegt:

Deze dag hebben Wij hun mond verzegeld, en hun handen zullen tot ons spreken, en hun voeten zullen getuigen van alles wat zij hebben bedreven. En als Wij gewild hadden, konden Wij het licht in hun ogen doven, zodat zij moeite zouden hebben op de weg. Hoe zouden zij dan kunnen zien? En als Wij gewild hadden, zouden Wij hun kunnen hebben verstijfd op hun plaats, zodat zij noch voor- noch achteruit konden. (36:65-67)

Er is ook nader toegelicht door Adi ibn Hatim in zijn andere overlevering in Bukhari dat de Profeet ﷺ heeft gezegd:

> …. elk van jullie zullen voor Allah staan **er zal noch een gordijn noch een interpreteerder tussen hem en Allah zijn**, en Allah zal hem dan vragen: "heb Ik je geen rijkdom gegeven?" Wat hij bevestigen zal. Dan zal Allah verder vragen: "heb ik je geen boodschapper gestuurd?" Weer zal dit bevestigd worden. Dan zal hij naar rechts kijken en niets anders dan hellevuur zien, en zal dan naar links kijken en niets anders dan hellevuur zien. Laat elk van jullie zichzelf daarom beschermen van deze hellevuur zelfs als het middels het geven van een halve dadel is. En mocht je geen halve dadel vinden laat het dan op zijn minst een vriendelijk woord zijn (aan jouw broeder).[17]

حَدَّثَنَا عَبْدُاللَّهِ بْنُ مُحَمَّدٍ حَدَّثَنَا أَبُو عَاصِمٍ النَّبِيلُ أَخْبَرَنَا سَعْدَانُ بْنُ بِشْرٍ حَدَّثَنَا أَبُو مُجَاهِدٍ حَدَّثَنَا مُحِلُّ بْنُ خَلِيفَةَ الطَّائِيُّ قَالَ سَمِعْتُ عَدِيَّ بْنَ حَاتِمٍ رَضِيَ اللَّهم عَنْهم يَقُولُ كُنْتُ عِنْدَ رَسُولِ اللَّهِ صَلَّى اللَّهم عَلَيْهِ وَسَلَّمَ فَجَاءَهُ رَجُلَانِ أَحَدُهُمَا يَشْكُو الْعَيْلَةَ وَالْآخَرُ يَشْكُو قَطْعَ السَّبِيلِ فَقَالَ رَسُولُ اللَّهِ صَلَّى اللَّهم عَلَيْهِ وَسَلَّمَ أَمَّا قَطْعُ السَّبِيلِ فَإِنَّهُ لَا يَأْتِي عَلَيْكَ إِلَّا قَلِيلٌ حَتَّى تَخْرُجَ الْعِيرُ إِلَى مَكَّةَ بِغَيْرِ خَفِيرٍ وَأَمَّا الْعَيْلَةُ

---

[17] 2e Engelse Volume, Boek 24, Nummer 494.

> فإنَّ السَّاعَةَ لَا تَقُومُ حَتَّى يَطُوفَ أَحَدُكُم بِصَدَقَتِهِ لَا يَجِدُ مَنْ
> يَقْبَلُهَا مِنْهُ ثُمَّ لِيَقِنَنَّ أَحَدُكُمْ بَيْنَ يَدَيِ اللهِ لَيْسَ بَيْنَهُ وَبَيْنَهُ
> حِجَابٌ وَلَا تَرْجُمَانٌ يُتَرْجِمُ لَهُ ثُمَّ لَيَقُولَنَّ لَهُ أَلَمْ أُوتِكَ مَالًا
> فَلَيَقُولَنَّ بَلَى ثُمَّ لِيَقُولَنَّ أَلَمْ أُرْسِلْ إِلَيْكَ رَسُولًا فَلَيَقُولَنَّ بَلَى
> فَيَنْظُرُ عَنْ يَمِينِهِ فَلَا يَرَى إِلَّا النَّارَ ثُمَّ يَنْظُرُ عَنْ شِمَالِهِ فَلَا
> يَرَى إِلَّا النَّارَ فَلْيَتَّقِيَنَّ أَحَدُكُمُ النَّارَ وَلَوْ بِشِقِّ تَمْرَةٍ فَإِنْ لَمْ يَجِدْ
> فَبِكَلِمَةٍ طَيِّبَةٍ

Er is bevestigd dat er temidden van de gelovigen in de gemeenschap van de Profeet ﷺ een groot aantal het paradijs zullen binnengaan zonder op welke manier dan ook rekenschap te hoeven afleggen. En de eerste zal het paradijs binnengaan vasthoudend aan de volgende enzovoorts, tot de laatste, zodat zij allen tegelijkertijd binnen zullen treden. Sahl ibn Sa'd overleverde van de Profeet ﷺ, zoals verteld in de Sahih van Bukhari:

De Profeet ﷺ zei: zeventigduizend of zevenhonderdduizend van mijn volgelingen (de overleveraars twijfelden in het exacte aantal) zullen het paradijs binnengaan elkaar stevig vasthoudend en de eerste van hen zal het paradijs niet binnengaan zonder dat de laatste ook binnen treedt. En hun gezichten zullen glinsteren zoals de maan dat in de nacht doet wanneer deze vol is.[18]

> حَدَّثَنَا قُتَيْبَةُ حَدَّثَنَا عَبْدُالْعَزِيزِ عَنْ أَبِي حَازِمٍ عَنْ سَهْلِ بْنِ
> سَعْدٍ أَنَّ رَسُولَ اللهِ صَلَّى اللهُ عَلَيْهِ وَسَلَّمَ قَالَ لَيَدْخُلَنَّ الجَنَّةَ
> مِنْ أُمَّتِي سَبْعُونَ أَلْفًا أَوْ سَبْعُ مِائَةِ أَلْفٍ لَا يَدْرِي أَبُو حَازِمٍ
> أَيُّهُمَا قَالَ مُتَمَاسِكُونَ آخِذٌ بَعْضُهُمْ بَعْضًا لَا يَدْخُلُ أَوَّلُهُمْ حَتَّى
> يَدْخُلَ آخِرُهُمْ وُجُوهُهُمْ عَلَى صُورَةِ القَمَرِ لَيْلَةَ البَدْرِ ٭

Het feit dat hetgeen hierboven staat zal plaatsvinden zonder rekenschap wordt bevestigd door de volgende hadies van Ibn Abbas in hetzelfde boek van Bukhari:

---

[18] 8e Engelse Volume, Boek 76, Nummer 560.

De Profeet ﷺ zei: de mensen werden voor mij gepresenteerd en toen zag ik een Profeet ﷺ passeren met een grote groep van zijn volgelingen, en een andere Profeet ﷺ passeren met alleen een kleine groep mensen, en een andere Profeet ﷺ passeerde alleen met tien (personen), en een andere Profeet ﷺ passeerde alleen met vijf (personen), en een andere Profeet ﷺ passeerde alleen. Toen zag ik grote groepen mensen en vroeg Gabriël: "zijn dit mijn volgelingen?" Hij zei: "Nee, maar kijk eens naar de horizon." Ik keek en zag een grote groep mensen staan. Gabriël zei: <u>"Dat zijn jouw volgelingen, en er zijn zeventigduizend voor hen die noch rekenschap van hun daden moeten afleggen noch bestraft zullen worden."</u> Ik vroeg: "Waarom?" Hij zei: "omdat zij zichzelf noch met brandingen behandelden, noch met amuletten, noch bedreigingen of waarschuwingen zagen in vogels, maar in plaats daarvan volledig vertrouwden op hun Heer." Na dit gehoord te hebben stond Ukkasha ibn Mihsan (*qama ilayhi*) op en zei tegen de Profeet ﷺ: "vraag Allah om mij één van hen te maken." De Profeet ﷺ zei: Oh Allah maak hem één van hen." Toen stond er een andere man op (*qama ilayhi*) en zei tegen de Profeet ﷺ: "vraag Allah om mij ook één van hen te maken." De Profeet ﷺ zei hierop: Ukkasha is jou voorgegaan met zijn verzoek.[19]

حَدَّثَنَا عِمْرَانُ بْنُ مَيْسَرَةَ حَدَّثَنَا ابْنُ فُضَيْلٍ حَدَّثَنَا حُصَيْنٌ ح قَالَ أَبُو عَبْدِ اللَّهِ و حَدَّثَنِي أَسِيدُ بْنُ زَيْدٍ حَدَّثَنَا هُشَيْمٌ عَنْ حُصَيْنٍ قَالَ كُنْتُ عِنْدَ سَعِيدِ بْنِ جُبَيْرٍ فَقَالَ حَدَّثَنِي ابْنُ عَبَّاسٍ قَالَ قَالَ النَّبِيُّ صَلَّى اللَّهم عَلَيْهِ وَسَلَّمَ عُرِضَتْ عَلَيَّ الْأُمَمُ فَأَخَذَ النَّبِيُّ يَمُرُّ مَعَهُ الْأُمَّةُ وَالنَّبِيُّ يَمُرُّ مَعَهُ النَّفَرُ وَالنَّبِيُّ يَمُرُّ مَعَهُ الْعَشَرَةُ وَالنَّبِيُّ يَمُرُّ مَعَهُ الْخَمْسَةُ وَالنَّبِيُّ يَمُرُّ وَحْدَهُ فَنَظَرْتُ فَإِذَا سَوَادٌ كَثِيرٌ قُلْتُ يَا جِبْرِيلُ هَؤُلَاءِ أُمَّتِي قَالَ لَا وَلَكِنْ انْظُرْ إِلَى الْأُفُقِ فَنَظَرْتُ فَإِذَا سَوَادٌ كَثِيرٌ قَالَ هَؤُلَاءِ

---

[19] 8e Engelse Volume, Boek 76, Nummer 549. (Deze vertaling bezit grove fouten en hiervoor waarschuwen we de lezer.)

> أُمَّتُكَ وَهَؤُلَاءِ سَبْعُونَ أَلْفًا قُدَّامَهُمْ لَا حِسَابَ عَلَيْهِمْ وَلَا عَذَابَ قُلتُ وَلِمَ قَالَ كَانُوا لَا يَكْتَوُونَ وَلَا يَسْتَرْقُونَ وَلَا يَتَطَيَّرُونَ وَعَلَى رَبِّهِمْ يَتَوَكَّلُونَ فَقَامَ إِلَيْهِ عُكَّاشَةُ بْنُ مِحْصَنٍ فَقَالَ ادْعُ اللَّهَ أَنْ يَجْعَلَنِي مِنْهُمْ قَالَ اللَّهُمَّ اجْعَلْهُ مِنْهُمْ ثُمَّ قَامَ إِلَيْهِ رَجُلٌ آخَرُ قَالَ ادْعُ اللَّهَ أَنْ يَجْعَلَنِي مِنْهُمْ قَالَ سَبَقَكَ بِهَا عُكَّاشَةُ *

Er is verder bevestigd dat de Profeet ﷺ met Allah's toestemming als een tussenpersoon aanwezig zal zijn voor een nog groter hoeveelheid, letterlijk "een zee aan mensen" zoals er vermeld staat in de hadies van de grote bemiddeling al eerder genoemd.

We zien ook dat de Profeet ﷺ expliciet gezegd heeft dat hij letterlijk zal debatteren en pleiten voor zijn gemeenschap op een zelfde manier als een advocaat dat doet. Sa'id ibn al-Musayyib vertelt: toen de dood van Abu Talib naderde, de Profeet ﷺ van Allah naar hem toe kwam en zei:

> "Zeg: *la ilaha ilallah*, een woord waarmee ik jou zal kunnen beschermen / voor jou debatteren / getuigen namens jou (*uhajja laka*) in Allah's aanwezigheid.

Er is middels verschillende ketens in de Sahih van Bukhari door Sa'id ibn al-Musayyib's vader en ook in de Sahih van Muslim met de woorden: "te getuigen voor jou."

> (رواية البخاري) حَدَّثَنَا أَبُو الْيَمَانِ أَخْبَرَنَا شُعَيْبٌ عَنِ الزُّهْرِيِّ قَالَ أَخْبَرَنِي سَعِيدُ بْنُ الْمُسَيَّبِ عَنْ أَبِيهِ قَالَ لَمَّا حَضَرَتْ أَبَا طَالِبٍ الْوَفَاةُ جَاءَهُ رَسُولُ اللَّهِ صَلَّى اللَّهُم عَلَيْهِ وَسَلَّمَ فَقَالَ قُلْ لَا إِلَهَ إِلَّا اللَّهُ كَلِمَةً أُحَاجُّ لَكَ بِهَا عِنْدَ اللَّهِ *

Zelfs de "Salafisten" hebben zichzelf uitgesloten van de debatten met de betekenis van de bovenstaande hadies, zoals zij vermeldden in de introductie bij het teruggeven van de Holy Qur'an (Khan-Hilali's vertaling). We willen daarom diegenen die de Naqshbandi's hebben aangevallen vragen stellen over het geloven van deze realiteit betreffende tussenpersonen op de dag des oordeels: **Ontkennen jullie nog steeds dat de Profeet ﷺ zijn oom Abu Talib gevraagd had de *shahada* te zeggen zodat hij voor hem kon pleiten voor het aangezicht van Allah? En is dit niet genoeg bewijs voor jullie dat bemiddelen voor de gelovigen en de toestemming van Allah dat iemand hun belangen verdedigt wel degelijk bestaat?**

Allah zei ook:

Op die dag zullen Wij alle mensen bij elkaar roepen met hun specifieke imams (17:71)

Waarover Ibn Abbas het volgende zei (aldus al-Nasafi in zijn Tafsier) het betekent: zij zullen met de leiders uit hun tijd opstaan, of zij zich nou met het goede of het slechte bezighielden. Dus zij die innovatieve en misleidende leiders volgden zullen opstaan achter hen in die tijd. En zij die hen volgden en gehoorzaamden die de soenna levend hielden en mensen opriepen tot het goede zullen opstaan achter hen. Daarom benadrukte de Profeet ﷺ dat *Bay'ah* (trouw zweren) een plicht is voor iedereen. En hij zei zoals overlevert in de *Sahih* van Bukhari (voorlaatste hoofdstuk van het boek over de Profeten):

> Er zal geen Profeet ﷺ zijn na mij, maar er zullen wel opvolgers zijn en vele. Waarop zij vroegen: wat beveelt u ons? Hij zei: behoud je trouw aan de eerste, dan aan de eerst(volgende; enzovoorts). Geef hen het recht, want Allah zal hun werkelijk ondervragen over hun voogdijschap/heerschappij.

We zien helaas toch dat de beloftes met de opvolgers van de Profeet ﷺ in onze tijd door de "Wahabisten" verbroken werden – de voorlopers van de hedendaagse "Salafisten" – die als *bughat* rebellen bestempeld werden in het verdrag van de geleerden, zoals gezegd door Imam Ibn Abidin in zijn commentaar genaamd *Radd al-muhtar 'ala al-durr al-mukhtar*

(3:309), in het hoofdstuk met de titel *Bab al-Bughat* (hoofdstuk over de rebellen):

> De naam Khawarij wordt toegepast op hen die zich distantiëren van de Moslims en hen als ongelovigen bestempelen, zoals ook plaatsvond in onze tijd met de volgelingen van Ibn Abd al-Wahhab, die uit Nadj kwamen (in het Oostelijke Arabische schiereiland) en de twee nobele heiligdommen (Mekka en Medina) aanvielen. Zij (Wahhabisten) beweerden dat zij de Hanbali leer volgden, maar hun geloof was van zo'n aard, dat zij in hun visie geloofden dat zij alleen moslims waren en iedereen buiten hen een *mushrik* (polytheïst) is. Onder het mom hiervan zeiden zij dat het doden van de Ahl al-Soenna en hun geleerden toegestaan was. Totdat Allah de Verhevene hen vernietigde in het jaar 1233 (1818 CE) door het Islamitische leger.

In het volgende stuk zullen hierover meer bewijzen worden aangedragen. Moslims zouden elk van deze bewijzen eens uit het hoofd moeten leren zodat zij zichzelf kunnen beschermen tegen die afwijkingen en verwarringen die door hen in de Ummah gebracht worden, en ons vertrouwen ligt bij Allah.

12

Zij Ontkennen dat Bemiddeling met Allah's Toestemming ons kan Helpen Tegen het Vuur

De "Salafisten" ontkennen absoluut dat Allah toestemming geeft aan mensen om hun medemensen uit het vuur te halen. Zij camoufleren hun afwijkend geloof door de volgende hadies van de Profeet ﷺ die overgeleverd is door Abu Hurayra te citeren:

> "Oh mensen van Quraish, een verzekerde overlevering van Allah (door goede daden te verrichten), ik kan jullie ten opzichte van Allah op geen enkele manier helpen. Oh, zonen van Abdul-Muttalib, ik kan jullie ten opzichte van Allah op geen enkele manier helpen; oh, (mijn oom) Abbas ibn Abdul-Muttalib, oh, (mijn tante) Safiyah, ik kan jullie ten opzichte van Allah op geen enkele manier helpen; oh, Fatima, dochter van Mohammed, vraag me wat je wilt, maar ik heb niets waarmee ik jou kan beschermen bij Allah." (*Sahih Muslim*, vol 1, Hadies #402, Engelse vertaling)

Hoe dan ook, weer hebben zij gefaald de juiste betekenis van de hadies te begrijpen, **ondanks het expliciet genoeg is in hun eigen woorden**! Ook hebben zij de hadies uit de context gehaald en niet in lijn gebracht met de algemene verplichte visie binnen het Islamitisch geloof. De betekenis van de hadies is dat de Profeet ﷺ een bevel van Allah kreeg om te verkondigen dat hij niemand kon helpen, zelfs zijn eigen naaste en verre familieleden niet. **TEN OPZICHTE VAN ALLAH** of **BUITEN HEM**, mochten zij sterven in ongeloof. De reden hiervoor is dat er geen bemiddeling is voor de ongelovigen.

De juiste vertaling van Muslim's hadies is:

Toen de vers: "*en waarschuw uw naaste verwanten*" (26:214) geopenbaard werd zei de Profeet ﷺ: "Oh raad der Quraish! Red je ziel van Allah, want ik kan tot weinig betekenis voor jullie zijn zonder Allah! Oh Safiyya, tante van de boodschapper van Allah, ik kan van weinig betekenis voor je zijn zonder Allah! Oh Fatima, dochter van de boodschapper van Allah, vraag me wat je wilt, maar ik kan van weinig betekenis voor je zijn zonder Allah!

> وحَدَّثَنِي حَرْمَلَةُ بْنُ يَحْيَى أَخْبَرَنَا ابْنُ وَهْبٍ قَالَ أَخْبَرَنِي يُونُسُ عَنْ ابْنِ شِهَابٍ قَالَ أَخْبَرَنِي ابْنُ الْمُسَيَّبِ وَأَبُو سَلَمَةَ بْنُ عَبْدِ الرَّحْمَنِ أَنَّ أَبَا هُرَيْرَةَ قَالَ قَالَ رَسُولُ اللَّهِ صَلَّى اللَّهُم عَلَيْهِ وَسَلَّمَ حِينَ أُنْزِلَ عَلَيْهِ (وَأَنْذِرْ عَشِيرَتَكَ الْأَقْرَبِينَ) يَا مَعْشَرَ قُرَيْشٍ اشْتَرُوا أَنْفُسَكُمْ مِنْ اللَّهِ لَا أُغْنِي عَنْكُمْ مِنْ اللَّهِ شَيْئًا يَا بَنِي عَبْدِ الْمُطَّلِبِ لَا أُغْنِي عَنْكُمْ مِنْ اللَّهِ شَيْئًا يَا عَبَّاسَ بْنَ عَبْدِ الْمُطَّلِبِ لَا أُغْنِي عَنْكَ مِنْ اللَّهِ شَيْئًا يَا صَفِيَّةُ عَمَّةَ رَسُولِ اللَّهِ لَا أُغْنِي عَنْكِ مِنْ اللَّهِ شَيْئًا يَا فَاطِمَةُ بِنْتَ رَسُولِ اللَّهِ سَلِينِي بِمَا شِئْتِ لَا أُغْنِي عَنْكِ مِنَ اللَّهِ شَيْئًا *

Daarnaast zoals we al eerder zeiden, is er bemiddeling voor de gelovigen, <u>en een van de fundamenten van het geloof binnen Islam is dat je moet weten dat Allah het toe zal laten dat er bemiddeld mag worden bij Hem op de Dag des Oordeels, en Hij tevens toestemming zal geven aan verschillende uitgekozen mensen om uit het vuur te halen wie zij willen.</u>

Het kan zijn dat zulke voordelen ontzegd wordt voor zulke mensen die hiertegen zijn! Maar wat ons betreft, wij geloven hierin op basis van het Islamitische geloof en principes van de Ahl al-Soenna, en wij hebben tal van bewijzen tegen die mensen die de deur open laten voor afvalligheid en afwijkingen. En wij zoeken onze toevlucht bij Allah tegen hen die Moslims oproepen tot misleiding.

Hieronder volgen drie authentieke bewijzen voor het principiële geloof dat bemiddeling met Allah's toestemming iemand kan doen redden van het vuur:

de hadies van de grote bemiddeling zoals verteld door Bukhari, hierboven al een keer eerder aangehaald, waarbij de Profeet ﷺ vier keer vertelt is: "Ga en haal al hen uit het vuur die dan ook een klein beetje aan geloof hebben...." Of "zij die *shahada* gezegd hebben."

De hadies verteld door Bukhari over de belofte van de Profeet ﷺ voor zijn oom Abu Talib als hij dan ook alleen maar de *shahada* opzegt. Wat wij ook eerder aangehaald hebben.

De hadies van Anas ibn Malik in Tirmidhi die een betrouwbare keten aan overleveraars bevat, waarvan hij zegt dat het *hasan gharib* is:

Anas vroeg de Profeet ﷺ om voor hem te bemiddelen en daarop antwoordde hij met: "dat zal ik doen (*ana fa'il*)."

> Anas vroeg: "Oh, boodschapper van Allah, waar moet ik naar je uitkijken op de dag des oordeels?" De Profeet ﷺ zei: "zoek me eerst bij de brug." Toen zei hij: "en als ik je daar niet vind?" De Profeet ﷺ zei: "zoek me dan bij de weegschaal."

> Hij zei: "en als ik je niet bij de weegschaal vind?" toen zei de Profeet ﷺ: zoek me dan bij de vijver want ik zal nergens anders zijn dan op deze drie plaatsen."

Overleverd door Tirmidhi in zijn *Sunan* (*hasan gharib*) met een betrouwbare keten aan overleveraars en door Achmed in zijn *Musnad* al-Mundhiri waar hij het aanhaalt in *al-Targhib* (4:425) en al-Zabidi in de *Ithaf* (10:495).

> حَدَّثَنَا عَبْدُ اللَّهِ بْنُ الصَّبَّاحِ الْهَاشِمِيُّ حَدَّثَنَا بَدَلُ بْنُ الْمُحَبَّرِ حَدَّثَنَا حَرْبُ بْنُ مَيْمُونٍ الْأَنْصَارِيُّ أَبُو الْخَطَّابِ حَدَّثَنَا النَّضْرُ بْنُ أَنَسِ بْنِ مَالِكٍ عَنْ أَبِيهِ قَالَ سَأَلْتُ النَّبِيَّ صَلَّى اللَّهم عَلَيْهِ وَسَلَّمَ أَنْ يَشْفَعَ لِي يَوْمَ الْقِيَامَةِ فَقَالَ أَنَا فَاعِلٌ قَالَ قُلْتُ يَا رَسُولَ اللَّهِ فَأَيْنَ أَطْلُبُكَ قَالَ اطْلُبْنِي أَوَّلَ مَا تَطْلُبُنِي عَلَى الصِّرَاطِ قَالَ قُلْتُ فَإِنْ لَمْ أَلْقَكَ عَلَى الصِّرَاطِ قَالَ فَاطْلُبْنِي عِنْدَ الْمِيزَانِ قُلْتُ فَإِنْ لَمْ أَلْقَكَ عِنْدَ الْمِيزَانِ قَالَ فَاطْلُبْنِي عِنْدَ الْحَوْضِ فَإِنِّي لَا أُخْطِئُ هَذِهِ الثَّلَاثَ الْمَوَاطِنَ قَالَ أَبُو عِيسَى هَذَا حَدِيثٌ حَسَنٌ غَرِيبٌ لَا نَعْرِفُهُ إِلَّا مِنْ هَذَا الْوَجْهِ *

De hadies van Jabir verteld door Muslim en Achmed en deze laatste, vertelt het ook van Abu Hurayra ؓ, waarbij de Profeet ﷺ zei:

> "En de gelijkenis tussen mij en jullie is net als dat van een man die een vuurtje maakte en waar opeens sprinkhanen en motten begonnen te vallen, terwijl hij het probeert te voorkomen. Zo ook hou ik jullie vast bij de taille knopen van het vuur af, maar jullie komen toch los van mijn hand."

> (رواية مسلم) حَدَّثَنِي مُحَمَّدُ بْنُ حَاتِمٍ حَدَّثَنَا ابْنُ مَهْدِيٍّ حَدَّثَنَا سَلِيمٌ عَنْ سَعِيدِ بْنِ مِينَاءَ عَنْ جَابِرٍ قَالَ قَالَ رَسُولُ اللَّهِ صَلَّى اللَّهم عَلَيْهِ وَسَلَّمَ مَثَلِي وَمَثَلُكُمْ كَمَثَلِ رَجُلٍ أَوْقَدَ نَارًا فَجَعَلَ الْجَنَادِبُ وَالْفَرَاشُ يَقَعْنَ فِيهَا وَهُوَ يَذُبُّهُنَّ عَنْهَا وَأَنَا آخِذٌ بِحُجَزِكُمْ عَنِ النَّارِ وَأَنْتُمْ تَفَلَّتُونَ مِنْ يَدِي *

De hadies van Abu al-Jad'a die vertelde dat de Profeet ﷺ zei: "Er zullen meer mensen het paradijs binnengaan middels de bemiddeling van één man dan er bestaan in de stam van Banu Tamim." Zij vroegen hem: "buiten u om?"

Hij zei: "buiten mij om." En er werd beweerd dat het om Uways al-Qarani ging.

Tirmidhi (*hasan sahih gharib*), Ibn Majah, Achmed middels drie betrouwbare bronnen en al-Hakim (*Sahih*).

(رواية الترمذي) حَدَّثَنَا أَبُو كُرَيْبٍ حَدَّثَنَا إِسْمَعِيلُ بْنُ إِبْرَاهِيمَ عَنْ خَالِدٍ الْحَذَّاءِ عَنْ عَبْدِ اللَّهِ بْنِ شَقِيقٍ قَالَ كُنْتُ مَعَ رَهْطٍ بِإِيلِيَاءَ فَقَالَ رَجُلٌ مِنْهُمْ سَمِعْتُ رَسُولَ اللَّهِ صَلَّى اللَّهم عَلَيْهِ وَسَلَّمَ يَقُولُ يَدْخُلُ الْجَنَّةَ بِشَفَاعَةِ رَجُلٍ مِنْ أُمَّتِي أَكْثَرُ مِنْ بَنِي تَمِيمٍ قِيلَ يَا رَسُولَ اللَّهِ سِوَاكَ قَالَ سِوَايَ فَلَمَّا قَامَ قُلْتُ مَنْ هَذَا قَالُوا هَذَا ابْنُ أَبِي الْجَدْعَاءِ قَالَ أَبمو عِيسَى هَذَا حَدِيثٌ حَسَنٌ صَحِيحٌ غَرِيبٌ وَابْنُ أَبِي الْجَدْعَاءِ هُوَ عَبْدُ اللَّهِ وَإِنَّمَا يُعْرَفُ لَهُ هَذَا الْحَدِيثُ الْوَاحِدُ *

De hadies verteld door Abu Umama van Achmed uit drie betrouwbare bronnen waarbij de Profeet ﷺ zei:

Er zullen werkelijk meer mensen het paradijs binnentreden door de bemiddeling van één man die geen Profeet ﷺ is, zoals de bevolking in de twee locaties van de stammen van Rabi'a en Mudar – of in één van hen (de overleveraar is hier niet meer zeker van)

حَدَّثَنَا أَبُو الْمُغِيرَةِ حَدَّثَنَا حَرِيزُ بْنُ عُثْمَانَ حَدَّثَنَا عَبْدُ الرَّحْمَنِ بْنُ مَيْسَرَةَ الْحَضْرَمِيُّ قَالَ سَمِعْتُ أَبَا أُمَامَةَ يَقُولُ قَالَ لِي رَسُولُ اللَّهِ صَلَّى اللَّهم عَلَيْهِ وَسَلَّمَ لَيَدْخُلَنَّ الْجَنَّةَ بِشَفَاعَةِ الرَّجُلِ الْوَاحِدِ لَيْسَ بِنَبِيٍّ مِثْلُ الْحَيَّيْنِ أَوْ أَحَدِ الْحَيَّيْنِ رَبِيعَةَ وَمُضَرَ فَقَالَ قَائِلٌ إِنَّمَا رَبِيعَةٌ مِنْ مُضَرَ قَالَ إِنَّمَا مَا أَقُولُ أَقُولُ *

De hadies van Abu Sa'id al-Khudri ؓ en Anas ؓ die respectievelijk vertelde dat de Profeet ﷺ zei: "er zal tegen iemand gezegd worden: herrijs zo en zo en bemiddel en hij zal opstaan en bemiddelen voor zijn stam, zijn familie en voor één of meer mannen naar aanleiding van zijn werk."

Tirmidhi (*hasan*), Achmed middels twee bronnen, en al-Bazzar in zijn *Musnad* .

(رواية الترمذي) حَدَّثَنَا أَبُو عَمَّارٍ الْحُسَيْنُ بْنُ حُرَيْثٍ أَخْبَرَنَا الْفَضْلُ بْنُ مُوسَى عَنْ زَكَرِيَّا بْنِ أَبِي زَائِدَةَ عَنْ عَطِيَّةَ عَنْ أَبِي سَعِيدٍ أَنَّ رَسُولَ اللَّهِ صَلَّى اللَّهُم عَلَيْهِ وَسَلَّمَ قَالَ إِنَّ مِنْ أُمَّتِي مَنْ يَشْفَعُ لِلْفِئَامِ مِنَ النَّاسِ وَمِنْهُمْ مَنْ يَشْفَعُ لِلْقَبِيلَةِ وَمِنْهُمْ مَنْ يَشْفَعُ لِلْعَصَبَةِ وَمِنْهُمْ مَنْ يَشْفَعُ لِلرَّجُلِ حَتَّى يَدْخُلُوا الْجَنَّةَ قَالَ أَبُو عِيسَى هَذَا حَدِيثٌ حَسَنٌ *

13

Zij Geloven dat er in Islam Geen Kennis Voor hen Verborgen is

Nog zo een misleidende dogma van deze Salafistische stroming is dat er absoluut geen kennis verborgen is binnen Islam zonder dat zij beweren deze te kennen of denken zo te kunnen achterhalen. Terwijl de imams van de soenna gezegd hebben dat zij die beweren in het bezit te zijn van kennis werkelijk een *jahil* en onwetend is. Desondanks zeggen de Salafisten in hun schadelijk boekje tegen de Naqshbandi's:

> **Het is Islamitisch geloof [is]: geen verscholen kennis binnen Islam, alles is duidelijk weergeven in de Koran en de Soenna... De Naqshbandi geloof [is]: de sheich heeft verborgen kennis.**

Je zult ook vaak de "Salafisten" Allah's vers horen citeren: *Vandaag heb ik jullie religie voor jullie vervolmaakt* [5:3] als argument tegen de status van de vele leidinggevende *Ulama's* (geleerden) en Sheichs in Islam.

Antwoord:

De waanidee dat "er geen islamitische kennis voor mij verscholen is totdat ik deze in een boek gevonden heb" is een westerse manier van geloven die overgenomen is door de "Salafisten" die tegen het idee van een Imam van *Fiqh* (jurisprudentie) of *Tasawwuf* is en die beweren dat de Koran en soenna alleen te vinden is in boeken.

Helaas is de betekenis van de Ahl Soenna over de Koran "<u>dat Allah's woord behouden is diep in de borst van de mensen, geciteerd wordt door de tong en opgetekend in de '*Masahif*'.</u>" Zoals uitgelegd door Imam Tahawi in zijn Aqida en nog vóór hem door Imam Abu Hanifa in *Al-Fiqh al-Akbar*. De Koran is nooit en te nimmer geopenbaard of overgeleverd behalve tot het hart van de Profeet ﷺ en van zijn hart tot de harten van zijn trouwe en naaste metgezellen. Daarom is het NIET overgenomen en begrepen uit boeken, zoals onderwezen wordt door Christelijke en Joodse professoren op niet islamitische scholen, maar van Allah's Awliya's – de geleerden van kennis die <u>de volledige begunstigden van de Profeet ﷺ zijn</u> en zoals de Profeet ﷺ zelf zei:

> "De geleerden van kennis zijn de erfgenamen van de profeten"

Het is overgeleverd door Abu al-Darda ؓ, door Tirmidhi, Abu Dawud, Ibn Majah, Ahmad (5:196), Ibn Hibban in zijn *Sahih*, Bayhaqi in de *Shu'ab al-iman*, Darimi in *de Muqaddima* van zijn *Sunan*, en Bukhari in het "Boek van Kennis" in zijn *Sahih* in *mu'allaq* vorm (d.w.z. zonder overleveringslijn), met het hoofdstuk als titel: ***Kennis gaat vooraf aan praten en daden***. Al-Raghib al-Asfahani (d. 425) zei in zijn woordenboek *Mufradat alfaz al-qur'an* zeggende *w-r-th*: "Suyuti zei: Er werd Sheikh Muhyiddin al-Nawawi erom gevraagd en hij zei dat het zwak was (*da'if*) -- betekende: in zijn lijn – ook al zou het waar zijn (*sahih*) – bedoelende: in zijn betekenis. Al-Mizzi zei: Deze hadith is overgeleverd via een lijn die gelijk aan de rang van *Hasan* staat. Het is zoals al-Mizzi zei, en ik heb er vijftig overleveringslijnen van gezien, die ik verzameld heb in een monografie. Hier eindigde Suyuti's woorden."

(رواية البخاري) بَابُ العِلْمُ قَبْلَ القَوْلِ وَالعَمَلِ لِقَوْلِ اللَّهِ تَعَالَى (فَاعْلَمْ أَنَّهُ لَا إِلَهَ إِلَّا اللَّهُ) فَبَدَأَ بِالعِلْمِ وَأَنَّ العُلَمَاءَ هُمْ وَرَثَةُ الأَنْبِيَاءِ وَرَّثُوا العِلْمَ مَنْ أَخَذَهُ أَخَذَ بِحَظٍّ وَافِرٍ وَمَنْ سَلَكَ طَرِيقًا يَطْلُبُ بِهِ عِلْمًا سَهَّلَ اللَّهُ لَهُ طَرِيقًا إِلَى الجَنَّةِ وَقَالَ جَلَّ ذِكْرُهُ (إِنَّمَا يَخْشَى اللَّهَ مِنْ عِبَادِهِ العُلَمَاءُ) وَقَالَ (وَمَا يَعْقِلُهَا إِلَّا العَالِمُونَ) (وَقَالُوا لَوْ كُنَّا نَسْمَعُ أَوْ نَعْقِلُ مَا كُنَّا فِي أَصْحَابِ السَّعِيرِ) وَقَالَ (هَلْ يَسْتَوِي الَّذِينَ يَعْلَمُونَ وَالَّذِينَ لَا يَعْلَمُونَ) وَقَالَ النَّبِيُّ صَلَّى اللَّهُم عَلَيْهِ وَسَلَّمَ مَنْ يُرِدِ اللَّهُ بِهِ خَيْرًا يُفَقِّهْهُ فِي الدِّينِ وَإِنَّمَا العِلْمُ بِالتَّعَلُّمِ وَقَالَ أَبُو ذَرٍّ لَوْ

> وَضَعْتُمُ الصَّمْصَامَةَ عَلَى هَذِهِ وَأَشَارَ إِلَى قَفَاهُ ثُمَّ ظَنَنْتُ أَنِّي أُنْفِذُ كَلِمَةً سَمِعْتُهَا مِنَ النَّبِيِّ صَلَّى اللَّهم عَلَيْهِ وَسَلَّمَ قَبْلَ أَنْ تُجِيزُوا عَلَيَّ لَأُنْفِذْتُهَا وَقَالَ ابْنُ عَبَّاسٍ (كُونُوا رَبَّانِيِّينَ) حُلَمَاءَ فُقَهَاءَ وَيُقَالُ الرَّبَّانِيُّ الَّذِي يُرَبِّي النَّاسَ بِصِغَارِ الْعِلْمِ قَبْلَ كِبَارِهِ *

Het hierboven vermelde is de reden waarom de erfenis van kennis onevenredig is verspreid onder de mensen, zodat het met veel moeite verzameld, geverifieerd, bestudeerd en weer doorgegeven moest worden van mond tot mond. Vandaar dat Allah zegt:

> *Boven iemand met kennis staat er altijd één begiftigd met meer kennis* (12:76)

Als de "Salafisten" in de bovengenoemde vers geloven dan zal ieder van hun, jong en oud, geleerd of met zelfkennis, noodgedwongen toe moeten geven dat er boven hem altijd iemand staat die voorzien is met een grotere hoeveelheid aan kennis: **daarom is er altijd verborgen kennis in relatie tot diegene voorzien met geringe kennis**. En als zij hierin geloven dan moeten zij ook toegeven aan de regel uitgelegd door Sheich Abd Al-Qadir al-Jilani tegen de opstandelingen, in zijn *Ghunya li talibi tariq Al-Haqq* (p. 840):

> Laat het duidelijk zijn dat Allah er een gewoonte van gemaakt heeft, dat er op aarde de sheich en de murid is, de kameraad en degene wiens kameraadschap bewaard wordt, de volgeling en degene die gevolgd wordt. Wat zich al staande houdt sinds de tijd van Profeet ﷺ Adam en zal stand houden tot de komst van het laatste uur.

Dit omdat kennis niet aan iedereen gegeven is, maar het een gebied is van de geselecteerde *ulama's*, zoals de grote imams en geleerden van *Fiqh, hadies, tassawuf* en van hun die de kennis van Qur'an en Soenna van hen hebben doorgegeven. De hadies en de ayat die hierboven zijn aangehaald geven aan dat Allah deze geleerden bekleedt met een kracht van leiding die Hij niet aan iedereen geeft. Vandaar dat hun intelligentie scherper is in tegenstelling tot anderen, hun inspiratie (*ilham*) betrouwbaarder en hun visioenen (*firasa*) echter.

Imam Malik gaf een uitleg op Allah's vers: ***Hij schenkt wijsheid aan wie Hij wilt*** (2:269) door te zeggen:

> **Het klopt dat het naar mijn hart komt *(innahu layaqa'u fi qalbi)*** . De genoemde "wijsheid" betekent hier werkelijk de intelligentie (*Fiqh*) van Allah's religie en iets dat Allah vanuit Zijn Genade en Glorie in de harten plaatst.[20]

De Islamitische Heiligen of geleerden brengen nooit een nieuwe openbaring, hun taak is enkel alleen de zegeningen van de Profeet ﷺ in de vorm van zijn lessen en goedheid over te brengen onder de mensen, zoals je kunt zien in het volgende voorbeeld van imam Malik:

> Abu Mus'ab ؓ zei: Ik heb Malik ibn Anas ؓ opgezocht. En hij zei tegen mij "kijk onder de gebedsplaats (of het gebedskleed) en kijk wat er ligt". Ik keek en vond iets opgetekend. Hij zei "lees het". De inhoud ervan was een droom van een van zijn broeders en die dus over hem ging. Malik zei "in mijn slaap heb ik de Profeet ﷺ gezien. Omringd door mensen in zijn moskee vertelde hij: **Ik heb iets goeds (of kennis) voor jullie verscholen onder mijn minbar en ik heb Malik opdracht gegeven het onder jullie te verspreiden**. Waarop Malik begon te wenen en ik opgestaan ben en hem verliet.

---

[20] Suyuti, *al-Riyad al-aniqa* pag. 144-145. Kanttekening, beste lezer, sta er bij stil dat als een Moslim de hierboven aangehaalde woorden van Imam Malik uitspreekt die wij met vette letters benadrukt hebben, hij zichzelf wellicht veroordeeld zal vinden door de "Salafisten" als zijnde *mushrik*, *kafir*, en een persoon van *bid`a* binnen Islam, ondanks dat het een algemene uitspraak is tussen de geleerden!

In verband hiermee vertelt Ibn al-Jawzi in zijn boek *Sifat al-Safwa* hoofdstuk "laag 6 van de mensen van Medina"

Het hierboven vermelde gaat des temeer op in de soenna, wat een gesloten boek zal blijven voor de "Salafisten", totdat zij voorrang geven aan de <u>uitleg van de betekenissen</u> ten opzichte van hun oppervlakkige <u>manier van napraten</u>. Maar goed, het spreekt voor zich dat het meestal diegenen zijn die géén *madhab* (leerrechtschool) volgen die de authentieke soenna van de Profeet ﷺ verwerpen, verkeerd begrijpen en verkeerd presenteren, zoals we de "Salafisten" al vaak genoeg hebben zien doen.

Dr. Ta Ha Jabir al-Alwani vermeldt in zijn boek *"The ethics of disagreement in Islam" – "De ethiek van meningsverschillen binnen Islam"* - pagina 119.

> De grote boosdoeners van de meningsverschillen in onze tijd hebben geen geloofwaardige basis om hun verschillen te rechtvaardigen. Zij zijn geen *Mujtahidun* of mensen die geschikt genoeg zijn om een onafhankelijke beredenering of analytische gedachte te kunnen geven. Zij zijn in werkelijkheid blinde volgelingen van hen die de mond vol hebben over het feit dat zij geen volgelingen zijn en dat zij niet geloven in de 'plicht van het volgen'. Ze beweren dat zij de regelgeving en opinies direct van de Koran en Soenna van de Profeet ﷺ hebben. In werkelijkheid klampen ze vast aan sommige boeken die over hadies gaan en volgen daarbij de voetsporen van die verschillende auteurs en ook de kwesties betreffende de authenticiteit (de echtheid) van hadies en de betrouwbaarheid van de overleveraars... Want het kan niet zo zijn dat iemand zichzelf waardig kan verheven tot de positie van *mujtahid* op basis van één boek.

Het zijn zulke pseudo-geleerden en hen die over alles heen huppelen en weglaten, die de *Fiqh* van de leerscholen voorbij gaan, de hadies interpreteren voor hun eigen doeleinden, en zich daarbij blootstellen aan vernietiging.

Allah (swt) heeft deze mensen door de overeenstemming van de experts aangaande *Fiqh* en hadies te midden van de Imams van de Salaf's misleid. Hieronder kunt u het bewijs zien van *Ibn Abi Zayd al-Qayrawani's Kitab al-jami' fi al-sunan:* als gevolg ervan.

> Ibn 'Uyayna ؎ zei: "De Hadies heeft de mogelijkheid iedereen te misleiden op de juristen na" (*al-hadithu mudillatun illa li al-fuqaha*).

> Ibn Wahb zei: "Diegene die de hadies memoriseert en daarbij geen Imam heeft in *Fiqh* misleid (*dall*) is en als Allah ons niet gered had met Malik en al Layth (ibn Sa'd) zouden we zeker zijn misleid".[21]

Ali al-Qari zei in zijn boek *Mu'taqad Abi Hanifa al-Imam fi abaway al-rasul alayhi al-salat wa al-salam* (pagina 42):

> De voorgaande grootmeesters zeiden dat: de Hadies geleerde die geen kennis van *Fiqh* heeft te vergelijken is met een medicijnverkoper die geen deskundig arts is: Hij heeft ze maar weet niet zo goed wat hij ermee aan moet. En de *Fiqh* deskundige zonder kennis van hadies als ware een arts is zonder medicijnen: Wetende waarmee genezen kan worden maar ze zelf niet in voorraad heeft.

Ook al-Sakhawi haalt dezelfde punten aan in zijn biografie van Ibn Hajar genaamd *al-Jawahir wa al-durar*:

> al-Fariqi zegt: "iemand die een reeks hadies kent maar niet de juiste regelgeving, daarnaast niet als rechtsgeleerden kunnen worden beschouwd. Zijn student Ibn Abi Asrun (d. 585) deelde ook deze visie in zijn boek *al-Intisar*....

> al-Dhahabi zei: Een studie volgen van Hadies verschilt van de op zichzelf staande Hadies.

---

[21] Ibn Abi Zayd, *al-Jami` fi al-sunan* (1982 uitgave) pag. 118-119.

Abu Shama vertelde dat:... al-A'mash (een grote Tabi'i d. 148) zei: "De Hadies die de juristen in hun midden rond laten gaan, beter is dan wat de Hadies overleveraars in hun midden hebben rondgaan."

Iemand bekritiseerde Imam Achmed ibn Hanbal (q) voor zijn aanwezigheid in de cirkel van Imam Shafi'i en voor het verlaten van de cirkel van Sufyan ibn Uyayna ﷺ. Achmad antwoordde die persoon met "hou je mond! Als je geen hadies met een kortere lijn van bronvermeldingen kan vinden, je het vast met een langere lijn kan vinden, en deze voor jou zeker niet schadelijk zal zijn. Maar als je niet het rationele van deze man (al Shafi'i) hebt, ik bang bent dat je het niet zal kunnen vinden."[22]

De "Salafisten" hebben een bepaalde aversie tegen het feit dat Allah nog tot op de dag van vandaag inspiratie en leiding geeft aan de grootmeesters van kennis, [trouwens al] zelfs na de tijd van de Profeet ﷺ. Ze reageren meestal door te zeggen "hoe kan een Sheich mij nu wat leren wat ik al niet weet, vooral wanneer Allah gezegd heeft: *Vandaag heb ik jullie religie voor jullie vervolmaakt* (5:3)" Onze reactie hierop is wat imam Suyuti zei tegen diegenen die onderzoek doen naar de betekenissen van de *mutashabihat* van de Koran: "*Je weet niet eens hoe het brood dat je nuttigt door je lichaam trekt, of hoe het komt dat je urineert, en toch wil je al over Allah's istiwa praten?!*"[23] Hierbij herhalen we gelijk de waarschuwende woorden van de vele geleerden die zeggen dat als je op basis van zelfkennis of op de westerse manier titels wilt bemachtigen (i.p.v. de traditionele *ijazas* en *isnads*) en vervolgens boeken wilt gaan schrijven over de fundamentele aspecten binnen islam, je inderdaad een kip bent die denkt dat hij een adelaar is alleen met het wezenlijk verschil dat hij niet kan vliegen.

---

[22] Sakhawi, *al-Jawahir wa al-durar fi tarjamat shaykh al-islam Ibn Hajar*, uitgave. Hamid Abd al-Majid en Taha al-Zayni (Cairo: wizarat al-awqaf, 1986) pag. 20-23.
[23] Suyuti, *al-Hawi li al-fatawi* (Dar al-kitab al-`arabi) 2:454.

14

Zij Citeren Koran Tegen Hadies

Een van de principes van de "Salafistische" filosofie is hun ongeloof in de hadies van de Profeet ﷺ die hun opinies tegenspreken. Zo ontkennen zij de realiteit van de *abdal*, Allah's grote heiligen die Hij een rang van zegeningen en gunsten schonk in de schepping en waaraan de hele schepping zijn voordeel heeft. Daarbij halen zij verzen uit de Koran om hun blinde en irrationele ontkenning hierover te rechtvaardigen. We hebben het volgende gevonden in het "Salafistische" misleidend boekje:

> **Het islamitische geloof [is]: Allah heeft de leiding over de schepping [want] Allah (swt) zegt "en Allah is een Wakil (beschermer) over alle dingen" (11:12) [en] "Hij (Allah) schikt (alle) zaken van de hemel en de aarde" (Koran, hfdst. 32 vers 4) [maar] De Naqshbandi geloof [is]: Sheich heeft de leiding over de schepping.**

Antwoord:

Het maakt deel uit van het geloof van elk moslim dat de *abdal* oftewel plaatsvervangende- heiligen bestaan – zogenoemd omdat, zoals de Profeet ﷺ dat zelf zei (zie hieronder), "geen van allen sterven zonder dat Allah een vervanger in zijn plaats zet" – en dat zij tot de religieuze leiders behoren van de gemeenschap, waarover geen twijfel bestaat onder moslims. Niettemin heeft Ibn Taymiyya erover geschreven in de laatste pagina's van zijn *Aqida wasitiyya*:

> De echte aanhangers van Islam's zuiverste vorm van geloof zijn de Ahl al-soenna wa al-Jama'a. In hun rangordes zijn de getrouwe heiligen (*siddiqin*), de martelaren en de oprechten te vinden. Tussen hen bevinden zich de grote mannen van leiding en

verlichting, van opgetekende integriteit en gevierde deugd. De plaatsvervangers (*abdal*) en de Imams van de religie zijn ook tussen hen te vinden. De moslims zijn in volledige overeenstemming gezien hun leiding. Dit is de overwinnende groep waarover de Profeet ﷺ zei: "een groep binnen mijn gemeenschap zal klaarblijkelijk in de waarheid blijven. Noch zij die zich tegen hen verzetten noch zij die hen verlaten kunnen hen iets aandoen vanaf heden tot aan de Dag des Oordeels." [24]

De Profeet ﷺ benadrukte in vele authentieke overleveringen de voordelen die de schepping kreeg middels de bemiddeling van Allah's heiligen en hun positie bij Hem. Suyuti liet vele voorbeelden zien in zijn *fatwa* genaamd *Hawi li al-fatawi* over de abdal en deze type universele bemiddeling waarover wij het volgende citeren:

1. Imam Achmed ibn Hanbal vertelt in zijn *Musnad* (1:112):

> ...De mensen van Syrië werden voor Ali ibn Abi Talib aangehaald terwijl hij in Irak was en zij zeiden: "vervloek hun oh bevelhebber van de gelovige." Hij antwoordde: "Nee, ik hoorde de boodschapper van Allah zeggen: **De plaatvervangers (*al-abdal*) zijn in Syrië en het zijn veertig mannen, elke keer wanneer er een sterft plaatst Allah een vervanger voor hem in de plaats. Vanwege hun brengt Allah regen, geeft hij (de moslims) overwinningen over hun vijanden en voorkomt de straf voor de mensen van Syrië.**" Al-Haythami zei: "de mensen in de bronnen zijn al diegenen uit de Sahih met uitzondering van Sharih ibn Ubayd, en hij is betrouwbaar (*thiqa*)." Sakhawi vertelt deze overlevering in zijn *Maqasid* (pag. 33 #8) en zegt

---

[24] Ibn Taymiyya, `Aqida wasitiyya (Salafiyya uitgave) pag. 36.

hetzelfde. Nochtans is hij van mening dat het hoogstwaarschijnlijk de woorden van Ali zelf zijn.

> حَدَّثَنَا أَبُو الْمُغِيرَةِ حَدَّثَنَا صَفْوَانُ حَدَّثَنِي شُرَيْحٌ يَعْنِي ابْنَ عُبَيْدٍ قَالَ ذُكِرَ أَهْلُ الشَّامِ عِنْدَ عَلِيِّ بْنِ أَبِي طَالِبٍ رَضِيَ اللَّهم عَنْهم وَهُوَ بِالعِرَاقِ فقالوا الْعَنْهُمْ يَا أَمِيرَ الْمُؤْمِنِينَ قَالَ لَا إِنِّي سَمِعْتُ رَسُولَ اللَّهِ صلَّى اللَّهم عَلَيْهِ وَسَلَّمَ يَقُولُ الْأَبْدَالُ يَكُونُونَ بِالشَّامِ وَهُمْ أَرْبَعُونَ رَجُلًا كُلَّمَا مَاتَ رَجُلٌ أَبْدَلَ اللَّهُ مَكَانَهُ رَجُلًا يُسْقَى بِهِمُ الْغَيْثُ وَيُنْتَصَرُ بِهمْ عَلَى الْأَعْدَاءِ وَيُصْرَفُ عَنْ أَهْلِ الشَّامِ بِهمُ الْعَذَابُ *

Opvallend is dat er ondanks de betrouwbare keten die zonder enige twijfel tot de Profeet ﷺ leidt, Ibn Taymiyya in zijn boek *al-Furqan bayna awliya al-Rahman wa awliya al-shaytan* zondermeer de betrouwbaarheid verwerpt op grond van het feit dat de groep van Ali in Irak beter was dan de groep van Mu'awiya in Syrië – moge Allah tevreden met hun beiden zijn – hij begrijpt dus niet waarom de *abdal* tussen die laatste groep te vinden is! De waarheid is dat het verband van de abdal met Syrië het bovenstaande niet uitsluit, noch dat het gelimiteerd is tot de tijd van de metgezellen, zoals bevestigd werd door de uitspraken van Qatada (zie hieronder, #3) Wahb ibn Munabbih (#6), Shafi'i, Bukhari, Nawawi (#7), en vele anderen. In feite heeft de Profeet ﷺ gezegd (#5) dat zij tot nog in de tijd van Mahdi te vinden zouden zijn in Syrië.

2. al-Hakim vertelde het volgende wat hij als betrouwbaar (*sahih*) bestempelde, en al-Dhahabi bevestigde het ook:

> Ali zei: "vervloek de mensen uit Syrië niet, want tussen hen bevinden de plaatsvervangers (*al-abdal*), maar vervloek hun onrechtvaardigheid."

Het bovenstaande is een overlevering van Ali die niet toegeschreven is aan de Profeet ﷺ. Wees er nochtans van bewust dat elke religieuze kennis die onbereikbaar is middels *ijtihad* en niet authentiek is overgebracht door de metgezellen, gezien wordt als een hadies van de expert van die wetenschap.

3. Tabarani zegt in zijn *Mu'jam al-awsat*:

Anas zegt dat de Profeet ﷺ zei: "de aarde zal nooit gebrek hebben aan de veertig mannen die gelijk zijn aan de vriend van de barmhartige [Profeet ﷺ Ibrahim], middels hun ontvangen mensen regen en krijgen zij hulp. Geen van hen zal sterven zonder dat Allah er één vervangt in zijn plaats." Qatada zei: "we twijfelen er niet aan dat al-Hasan [al-Basri] één van hen is."

Ibn Hibban vertelde het in *al-Tarikh* via Abu Hurayra als volgt: "de aarde zal nooit gebrek hebben aan de veertig mannen die gelijk zijn aan Ibrahim de vriend van de Barmhartige, [want] middels hun worden jullie geholpen, ontvang je je voorzienigheid en krijg je regen."

4. Imam Achmed vertelt in de *Musnad* (5:322) via Abd al-Wahhab ibn Ata:

De Profeet ﷺ zei: "De plaatsvervangers in deze gemeenschap bestaan uit dertig soortgelijke aan Ibrahim de vriend van de Barmhartige. Elke keer wanneer er één sterft, vervangt Allah zijn plaats met een ander." Achmed zei: "er zijn ook vele anderen door Abd al-Wahhab overgeleverd, alleen zijn zij verworpen (*munkar*)."

حَدَّثَنَا عَبْدُ الْوَهَّابِ بْنُ عَطَاءٍ أَخْبَرَنَا الْحَسَنُ بْنُ ذَكْوَانَ عَنْ عَبْدِ الْوَاحِدِ بْنِ قَيْسٍ عَنْ عُبَادَةَ بْنِ الصَّامِتِ عَنِ النَّبِيِّ صَلَّى اللَّهم عَلَيْهِ وَسَلَّمَ أَنَّهُ قَالَ الْأَبْدَالُ فِي هَذِهِ الْأُمَّةِ ثَلَاثُونَ مِثْلُ إِبْرَاهِيمَ خَلِيلِ الرَّحْمَنِ عَزَّ وَجَلَّ كُلَّمَا مَاتَ رَجُلٌ أَبْدَلَ اللَّهُ تَبَارَكَ وَتَعَالَى مَكَانَهُ رَجُلًا قَالَ أَبِي رَحِمَهُ اللَّهُ فِيهِ يَعْنِي حَدِيثَ عَبْدِ الْوَهَّابِ كَلَامٌ غَيْرُ هَذَا وَهُوَ مُنْكَرٌ يَعْنْ حَدِيثَ *

Hakim Tirmidhi citeert in *Nawadir al-usul* en Achmed's leerling al-Khallal in zijn *Karamat al-awliya*. Haythami zei hun mannen zijn van de Sahih met uitzondering van Abd al-Wahid die was betrouwbaar verklaard door al-Ijli en Abu Zar'a (zoals Yahya ibn Ma'in). Hij is een van de overleveraars van Imam Muslim en ook Tirmidhi.

5. Abu Dawud middels drie verschillende goede ketens de "boek over Mahdi" in zijn *Sunan* (Engels #4273), Imam Achmed in zijn *Musnad* (6:316), Ibn Abi Shayba in zijn *Musannaf*, Abu Ya'la, al-Hakim, en Bayhaqi overleverde:

> Umm Salama ؓ de vrouw van de Profeet ﷺ vertelde dat de Profeet ﷺ zei: "Er zal onenigheid ontstaan bij de dood van een Khalifa en een man van de mensen uit Medina zal dan tevoorschijn komen, vliegend naar Mekka. Een aantal mensen uit Mekka zullen bij hem komen, hem tegen zijn wil in tevoorschijn brengen en trouw zweren aan hem, tussen de Hoek en de Maqam. Een expeditie macht uit Syrië zal dan tegen hem in uitgezonden worden, maar deze zal dan opgeslokt worden in de woestijn tussen Mekka en Medina. En wanneer mensen dat zien, zullen de plaatsvervangers (*abdal*) uit Syrië en de beste mensen (*asaba*) uit Irak, bij hem komen en trouw zweren aan hem tussen de Rukn en de Maqam…"

(رواية أبي داود) حَدَّثَنَا مُحَمَّدُ بْنُ الْمُثَنَّى حَدَّثَنَا مُعَاذُ بْنُ هِشَامٍ حَدَّثَنِي أَبِي عَنْ قَتَادَةَ عَنْ صَالِحٍ أَبِي الْخَلِيلِ عَنْ صَاحِبٍ لَهُ عَنْ أُمِّ سَلَمَةَ زَوْجِ النَّبِيِّ صَلَّى اللَّهُمَّ عَلَيْهِ وَسَلَّمَ عَنِ النَّبِيِّ صَلَّى اللَّهُمَّ عَلَيْهِ وَسَلَّمَ قَالَ يَكُونُ اخْتِلَافٌ عِنْدَ مَوْتِ خَلِيفَةٍ فَيَخْرُجُ رَجُلٌ مِنْ أَهْلِ الْمَدِينَةِ هَارِبًا إِلَى مَكَّةَ فَيَأْتِيهِ نَاسٌ مِنْ أَهْلِ مَكَّةَ فَيُخْرِجُونَهُ وَهُوَ كَارِهٌ فَيُبَايِعُونَهُ بَيْنَ الرُّكْنِ وَالْمَقَامِ وَيُبْعَثُ إِلَيْهِ بَعْثٌ مِنْ أَهْلِ الشَّامِ فَيُخْسَفُ بِهِمْ بِالْبَيْدَاءِ بَيْنَ مَكَّةَ وَالْمَدِينَةِ فَإِذَا رَأَى النَّاسُ ذَلِكَ أَتَاهُ أَبْدَالُ

> الشَّامِ وَعَصَائِبُ أَهْلِ الْعِرَاقِ فَيُبَايِعُونَهُ بَيْنَ الرُّكْنِ وَالْمَقَامِ ثُمَّ يَنْشَأُ رَجُلٌ مِنْ قُرَيْشٍ أَخْوَالُهُ كَلْبٌ فَيَبْعَثُ إِلَيْهِمْ بَعْثًا فَيَظْهَرُونَ عَلَيْهِمْ وَذَلِكَ بَعْثُ كَلْبٍ وَالْخَيْبَةُ لِمَنْ لَمْ يَشْهَدْ غَنِيمَةَ كَلْبٍ فَيَقْسِمُ الْمَالَ وَيَعْمَلُ فِي النَّاسِ بِسُنَّةِ نَبِيِّهِمْ صَلَّى اللَّهم عَلَيْهِ وَسَلَّمَ وَيُلْقِي الْإِسْلَامُ بِجِرَانِهِ فِي الْأَرْضِ فَيَلْبَثُ سَبْعَ سِنِينَ ثُمَّ يُتَوَفَّى وَيُصَلِّي عَلَيْهِ الْمُسْلِمُونَ ... *

6. Imam Achmed citeerde in *Kitab al-Zuhd*, ook Ibn Abi al-Dunya, Abu Nu'aym, Bayhaqi, en Ibn Asakir overleverde van Julays:

> Wahb ibn Munabbih zei: ik zag de Profeet ﷺ in mijn droom en zei: "Oh Rasulullah, waar zijn de plaatsvervangers (*budala*) uit uw gemeenschap?" Toen wees hij met zijn hand richting Syrië. Ik vroeg toen: "Oh Rasulullah, zijn er dan geen in Irak?" Hij zei: "jawel, Mohammed ibn Wasi, Hassan ibn Abi Sinan, en Malik ibn Dinar, die zodanig tussen de mensen lopen als ook Abu Darr deed in zijn tijd."

7. Nawawi haalde in *Bustan al-Arifin* (1985 pag. 31) aan dat de hadies meester Hammad ibn Salama ibn Dinar (d. 167) gezien werd als een van de *Abdal*. Sakhawi vertelde in zijn berichten over de overleveringen van de *abdal*:

> Wat deze hadies zo machtig maakt en verder de koerslijn aangeeft is dat er temidden van de Imams er uitspraken zijn van onze Imam, al-Shafi'i betreffende een bepaalde man: "wij achtte hem een van de *abdal*," en Bukhari's uitspraak betreffende een andere man: "zij twijfelde er niet aan dat hij een van de *abdal* was." En buiten deze twee van hoog gewaardeerde geleerden hebben hadies meesters en Imams [zoals Qatada en Wahb, zie boven] ook dit soort uitspraken gemaakt om andere mensen als *abdal* te omschrijven.

Het zegt genoeg dat er in de geringe referenties betreffende de *abdal*, de "Salafisten" niet een van de eerder genoemde verslagen en bewijzen van de geleerden rapporteren, maar alleen de zwakste verslagen die zij kunnen vinden aanhalen en die als authentiek verklaard werden vermeden (zoals #1, 2, 4, 5, en 7 zie hierboven) omdat het hun opinie niet ondersteunt. Waarschijnlijk denken zij dat hun Imam, Ibn Taymiyya, een fout beging toen hij de bewering maakte in de fundamentele *Aqida Wasitiyya* dat

"de plaatsvervangers (*abdal*) en de Imams van de religie alleen tussen hen te vinden zijn [de echte aanhangers van Islam in zijn puurste vorm], en moslims zijn zich er allemaal van bewust betreffende hun leiding"! Werkelijk, succes komt alleen van Allah.

De hadies over de *abdal* uit Syrië wordt bevestigd door de hoge status van Syrië zelf in de hadies van de Profeet ﷺ's Isra en Mi'raj. De Profeet ﷺ noemde Syrië de puurste van Allah's landen, de plaats waar religie, geloof en veiligheid te vinden is in de tijd van verwarringen (chaos), tevens de huizen van de heiligen te vinden is en waar Allah omwille van hen de mensen voorziet in hun voorzienigheid en aan de Moslims overwinningen schenkt over hun vijanden:

8. Ibn Asakir deelde in *Tahdhib tarikh Dimashq al-Kabir* mee van Ibn Mas'ud ؓ dat de Profeet ﷺ de wereld vergeleek met een druppeltje regenwater temidden van bergen waarvan de *safw* al opgedronken was en waarvan de *Kadar* oftewel residu's overgebleven waren. Al-Huwjiri en al-Qushayri halen het ook aan in hun hoofdstukken over tasawwuf, respectievelijk in *Kashf al-mahjub* en *al-Risala al-qushayriyya*. Ibn al-Athir legde in zijn woordenboek *al-Nihaya* uit dat *safw* en *Safwa* "het beste van elke materie, de essentie, en het puurste gedeelte is." De essentie waar de Profeet ﷺ het over had is Syrië, omdat hij Syrië de essentie van Allah's landschappen" (safwat Allah min biladih) noemde. Tabarani overleverde het van Irbad ibn Sariya en Haythami en noemde de keten van overleveringen betrouwbaar in zijn boek *Majma al-zawa'id*, hoofdstuk *Bab fada'il al-Sham*.

9. Abu al-Darda ؓ vertelde dat de Profeet ﷺ gezegd had:

Toen ik lag te slapen zag ik dat de kaft van het boek [Koran] onder mijn hoofd werd weggehaald. Ik vreesde dat het weggenomen zou worden, dus volgde ik het met mijn ogen en zag dat het in Syrië werd geplaatst. Geloof zal in de tijd van verwarringen werkelijk in Syrië zijn.

Haytami zei dat Achmed het overleverde met een goede keten aan overleveraars waarvan zij allen mannen zijn uit de *Sahih* – betrouwbare overleveringen – en dat al-Bazzar het overleverde met een keten waarvan de overleveraars ook mannen van betrouwbare hadies zijn, behalve Mohammed ibn Amir al-Antaki, en hij is *thiqa* – betrouwbaar.

In Tabarani's versie die hij van Ibn Amr overleverde in *al-Mu'jam al-kabir* en *al-Mu'jam al-awsat*, herhaalt de Profeet ﷺ het zelfs drie keer: "wanneer de verwarringen plaats zullen vinden, zal het geloof in Syrië te vinden zijn." Een manuscript zegt zelfs: "veiligheid zal in Syrië zijn." Al-Haytami zei dat de mannen in deze keten van betrouwbare hadies zijn, behalve Ibn Lahi'a, maar hij is wel redelijk (hasan).

10. al-Tabarani vertelde van Abd Allah ibn Hawala dat de Profeet ﷺ zei:

De nacht dat ik verheerlijkt werd zag ik een witte kaft die op een parel leek gedragen worden door engelen. Ik vroeg hen: "wat ze aan het dragen waren?" Zij antwoordden: "De kaft van het boek. Wij hebben de opdracht gekregen om het in Syrië te plaatsen." Later zag ik in mijn slaap dat de kaft van onder mijn hoofdkussen (*wisadati*) weggepakt werd. Ik kreeg een angstig gevoel dat Allah de mensen op aarde losgelaten had. Mijn ogen volgde het. Het was als een briljante licht voor mij. Toen zag ik dat het in Syrië geplaatst werd. Abd Allah ibn Hawala zei: "Oh boodschapper van Allah, zeg mij waar ik heen moet gaan." De Profeet ﷺ zei: alayka bi al-sham – je moet naar Syrië gaan.

Al-Hafiz al-Haythami zei in *Majma al-zawa'id*: "de overleveraars in deze keten zijn van al die betrouwbare hadies, behalve Salih ibn Rustum, en hij is *thiqa* – betrouwbaar."

Conclusie

Waarschuw Je Broeders voor de Salafistische Secte

Gezien de voorafgaande presentatie over het afwijkende geloof van de Salafistische beweging zou er in feite geen twijfel mogelijk meer moeten zijn in de ogen van de oprechte lezer over het afwijkende natuur en valsheid van hen. Alleen onwetende, en op grote schaal beïnvloede, oneerlijke sympathisanten van de groep zullen vast blijven klampen aan het beeld dat de leer en het geloof van de groep overeenstemt met de Koran en Soenna, terwijl duidelijk en onherroepelijk bewezen is dat er hier juist sprake is van het tegenovergestelde.

In bovengenoemd werk, zal de lezer wel gemerkt hebben dat alles wat genoemd werd over het zogenaamde Pure Islamitische Geloof tegengesproken werd, weggelaten oftewel gemanipuleerd werd door deze secte. In feite heeft de Profeet ﷺ ons gewaarschuwd voor de komst van zulke afwijkende groepen, toen hij in een authentieke hadies, overlevert in de *Musnad* van Imam Achmed door Mu'awiya en in de *Tafsir* van Ibn Kathir (voor 3:104-109) zei:

> Werkelijk de mensen van de twee boeken (Joden en Christenen) spleten hun religie (geloof) in tweeënzeventig verschillende religie's (*milla*), en deze gemeenschap zal werkelijk splijten in drieënzeventig religies – dat is: hoogmoedige verlangens (*ahwa*) – zij zijn allen bestemd voor het vuur behalve één, en dat is de gemeenschap (*al-jama'a*). Er zal werkelijk zulke mensen in mijn gemeenschap opstaan waarbij die trotse verlangens hun zodanig beheerst, zoals hondsdolheid zijn slachtoffer compleet overneemt: niet een ader, noch een pees zal er van hem overblijven waarbij de hondsdolheid niet zal binnendringen. Oh Arabische

menigte, bij Allah! Ik zeg werkelijk dat als jullie niet hetgeen wat jullie Profeet ﷺ gebracht heeft bewerkstelligt, ik erbij zweer dat er anders mensen buiten jullie om daar wel geschikt genoeg ervoor zullen zijn om het te bewerkstelligen.

(رواية أحمد) حَدَّثَنَا أَبُو الْمُغِيرَةِ قَالَ حَدَّثَنَا صَفْوَانُ قَالَ حَدَّثَني أَزْهَرُ بْنُ عَبْدِ اللَّهِ الْهَوْزَنِيُّ قَالَ أَبُو الْمُغِيرَةِ فِي مَوْضِعٍ آخَرَ الْحَرَازِيُّ عَنْ أَبِي عَامِرٍ عَبْدِ اللَّهِ بْنِ لُحَيٍّ قَالَ حَجَجْنَا مَعَ مُعَاوِيَةَ بْنِ أَبِي سُفْيَانَ فَلَمَّا قَدِمْنَا مَكَّةَ قَامَ حِينَ صَلَّى صَلَاةَ الظُّهْرِ فَقَالَ إِنَّ رَسُولَ اللَّهِ صَلَّى اللَّهم عَلَيْهِ وَسَلَّمَ قَالَ إِنَّ أَهْلَ الْكِتَابَيْنِ افْتَرَقُوا فِي دِينِهِمْ عَلَى ثِنْتَيْنِ وَسَبْعِينَ مِلَّةً وَإِنَّ هَذِهِ الْأُمَّةَ سَتَفْتَرِقُ عَلَى ثَلَاثٍ وَسَبْعِينَ مِلَّةً يَعْنِي الْأَهْوَاءَ كُلُّهَا فِي النَّارِ إِلَّا وَاحِدَةً وَهِيَ الْجَمَاعَةُ وَإِنَّهُ سَيَخْرُجُ فِي أُمَّتِي أَقْوَامٌ تَجَارَى بِهِمْ تِلْكَ الْأَهْوَاءُ كَمَا يَتَجَارَى الْكَلْبُ بِصَاحِبِهِ لَا يَبْقَى مِنْهُ عِرْقٌ وَلَا مَفْصِلٌ إِلَّا دَخَلَهُ وَاللَّهِ يَا مَعْشَرَ الْعَرَبِ لَئِنْ لَمْ تَقُومُوا بِمَا جَاءَ بِهِ نَبِيُّكُمْ صَلَّى اللَّهم عَلَيْهِ وَسَلَّمَ لَغَيْرُكُمْ مِنَ النَّاسِ أَحْرَى أَنْ لَا يَقُومَ بِهِ *

Laat er geen twijfel zijn dat elk van deze groepen van zichzelf beweren dat zij de oprechte groep is, en dat zij wel goed zijn, en dat zij alleen de Profeet ﷺ volgen. Zo ook printen Salafistische sektes afwijkende en fantasievolle literatuur onder het mom dat zij de pure Islam onderwijzen. De Profeet ﷺ voorspelde dit ook toen hij zei: "**een van de tekenen van de veranderingen binnen het geloof is de overdreven welsprekendheid van de bende.**" [25] Allah heeft hen een bepaalde tijd gegeven om de *Umma* te verwoesten, en die tijd komt nu ten einde *insha Allah*.

De weg van de waarheid is de weg van de mensen van de Profetische soenna en van de gemeenschap (*Ahl al-*

---

[25] Zie hierboven, pag. 63.

Soenna wa al-Jama'a). Het is niet de weg van de "Salafisten", noch "Talafisten," of welke andere weg ook die zich in deze tijd heeft weten te nestelen. Het is één weg: één die leidt tot redding. Elke andere weg is een weg van misleiding die tot vernietiging leidt. Dit is duidelijk uitgelegd door de Profeet ﷺ in een andere hadies overgeleverd door Achmed met een goede keten van Abd Allah ibn Mas'ud ؓ:

> De boodschapper van Allah tekende een lijn met zijn hand en zei, "dit is het rechte pad van Allah." Toen tekende hij een lijn aan de rechterkant en linkerkant ervan en zei: "dit zijn andere wegen, die tot verwarring leiden en aan het hoofd van deze wegen zit een duivel die mensen ernaar uitnodigt." Toen citeerde hij: *"en dit is werkelijk Mijn rechte pad, dus volg het, en volg geen andere wegen, want zij zullen je doen scheiden van Zijn weg."* (6:153)

> حَدَّثَنَا أَسْوَدُ بْنُ عَامِرٍ حَدَّثَنَا أَبُو بَكْرٍ عَنْ عَاصِمٍ عَنْ أَبِي وَائِلٍ عَنْ عَبْدِ اللَّهِ قَالَ خَطَّ رَسُولُ اللَّهِ صَلَّى اللَّهم عَلَيْهِ وَسَلَّمَ خَطًّا بِيَدِهِ ثُمَّ قَالَ هَذَا سَبِيلُ اللَّهِ مُسْتَقِيمًا قَالَ ثُمَّ خَطَّ عَنْ يَمِينِهِ وَشِمَالِهِ ثُمَّ قَالَ هَذِهِ السُّبُلُ وَلَيْسَ مِنْهَا سَبِيلٌ إِلَّا عَلَيْهِ شَيْطَانٌ يَدْعُو إِلَيْهِ ثُمَّ قَرَأَ (وَإِنَّ هَذَا صِرَاطِي مُسْتَقِيمًا فَاتَّبِعُوهُ وَلَا تَتَّبِعُوا السُّبُلَ) *

Het pad is het vasthouden aan het Boek van Allah en aan de Soenna van Zijn Profeet ﷺ, zoals er te zien is in de volgende hadies. De Profeet ﷺ zei:

> "Ik heb je twee dingen gelaten en zolang je eraan vasthoudt, zal je nooit dwalen: het Boek van Allah en mijn Soenna." (verteld door Malik in zijn *Muwatta*, hadies *munqati* die de Tabi'i verbinding mist)

> و حَدَّثَنِي يَحْيَى عَنْ مَالِكِ عَنْ زَيْدِ بْنِ أَبِي أُنَيْسَةَ عَنْ عَبْدِ الْحَمِيدِ بْنِ عَبْدِ الرَّحْمَنِ بْنِ زَيْدِ بْنِ الْخَطَّابِ أَنَّهُ أَخْبَرَهُ عَنْ مُسْلِمِ بْنِ يَسَارٍ الْجُهَنِيِّ أَنَّ عُمَرَ بْنَ الْخَطَّابِ سُئِلَ عَنْ هَذِهِ الْآيَةِ (وَإِذْ أَخَذَ رَبُّكَ مِنْ بَنِي آدَمَ مِنْ ظُهُورِهِمْ ذُرِّيَّتَهُمْ وَأَشْهَدَهُمْ عَلَى أَنْفُسِهِمْ أَلَسْتُ بِرَبِّكُمْ قَالُوا بَلَى شَهِدْنَا أَنْ تَقُولُوا يَوْمَ الْقِيَامَةِ إِنَّا كُنَّا عَنْ هَذَا غَافِلِينَ) فَقَالَ عُمَرُ بْنُ الْخَطَّابِ سَمِعْتُ رَسُولَ اللَّهِ صَلَّى اللَّهم عَلَيْهِ وَسَلَّمَ يُسْأَلُ عَنْهَا فَقَالَ رَسُولُ اللَّهِ صَلَّى اللَّهم عَلَيْهِ وَسَلَّمَ إِنَّ اللَّهَ تَبَارَكَ وَتَعَالَى خَلَقَ آدَمَ ثُمَّ مَسَحَ ظَهْرَهُ بِيَمِينِهِ فَاسْتَخْرَجَ مِنْهُ ذُرِّيَّةً فَقَالَ خَلَقْتُ هَؤُلَاءِ لِلْجَنَّةِ وَبِعَمَلِ أَهْلِ الْجَنَّةِ يَعْمَلُونَ ثُمَّ مَسَحَ ظَهْرَهُ فَاسْتَخْرَجَ مِنْهُ ذُرِّيَّةً فَقَالَ خَلَقْتُ هَؤُلَاءِ لِلنَّارِ وَبِعَمَلِ أَهْلِ النَّارِ يَعْمَلُونَ فَقَالَ رَجُلٌ يَا رَسُولَ اللَّهِ فَفِيمَ الْعَمَلُ قَالَ فَقَالَ رَسُولُ اللَّهِ صَلَّى اللَّهم عَلَيْهِ وَسَلَّمَ إِنَّ اللَّهَ إِذَا خَلَقَ الْعَبْدَ لِلْجَنَّةِ اسْتَعْمَلَهُ بِعَمَلِ أَهْلِ الْجَنَّةِ حَتَّى يَمُوتَ عَلَى عَمَلٍ مِنْ أَعْمَالِ أَهْلِ الْجَنَّةِ فَيُدْخِلُهُ رَبُّهُ الْجَنَّةَ وَإِذَا خَلَقَ الْعَبْدَ لِلنَّارِ اسْتَعْمَلَهُ بِعَمَلِ أَهْلِ النَّارِ حَتَّى يَمُوتَ عَلَى عَمَلٍ مِنْ أَعْمَالِ أَهْلِ النَّارِ فَيُدْخِلُهُ رَبُّهُ النَّارَ و حَدَّثَنِي عَنْ مَالِكٍ أَنَّهُ بَلَغَهُ أَنَّ رَسُولَ اللَّهِ صَلَّى اللَّهم عَلَيْهِ وَسَلَّمَ قَالَ تَرَكْتُ فِيكُمْ أَمْرَيْنِ لَنْ تَضِلُّوا مَا تَمَسَّكْتُمْ بِهِمَا كِتَابَ اللَّهِ وَسُنَّةَ نَبِيِّهِ *

Dus de criteria om een groep of individu te beoordelen, die beweren op de weg van de Salaf te zijn, is simpelweg te bepalen door hun geloof en leer te verifiëren met de Koran en de Soenna.

De buitengewone bedrieglijke bewering van de "Salafisten" dat zij van de vrome Salaf houden en hun weg volgen zou geen reden tot verwarring moeten zijn voor wie dan ook. Het bewijs van hun afwijkende aard is openlijk te zien in hun daden. Een goed voorbeeld is het lasterlijke misleidend boekje wat de reden is geweest voor dit huidige tegenbewijs.

De Arabieren hebben een bekend gezegde: *ahl al-jahl a'da'un li ahl al-ilm* –

"de onwetende mensen zijn de vijanden van de mensen van kennis." En dit is precies wat deze groep nu aan de wereld heeft laten zien door vijandschap te verklaren aan de mensen van *tasawwuf*, die uitblinken tussen de mensen van kennis van Allah en liefde voor Allah. En door dit te doen hebben de "Salafisten" openlijk laten zien dat hun doel alleen het van binnen uit vernietigen van Islam is, terwijl zij gekleed zijn in de gewaden van Islam.

Er zou serieus de moeite genomen moeten worden om die oprechten tussen hen die oprecht naar het licht van de pure Islam zoeken, maar als gevolg van de indoctrinatie van de beweging ten prooi zijn gevallen van hun streken, te informeren.

Wat er in het huidige boekje gezegd is zou niet te licht genomen moeten worden, omdat dit iemand geheel uit Islam kan werpen en in ongeloof kan brengen. En dit is niet een simpele opinie van een stelletje leken, maar de uitspraak van de *ulama* van Islam, die verklaarde dat degene die vasthielden aan het afwijkende geloof als antropomorfisme, denigreren van de Profeet ﷺ, ongeloof betreffende de *awliya*, ontkennen van de principes van de wet, de afschuwelijke daad door Moslims als *Kafir* te bestempelen en nadat hen het tegenbewijs is geleverd toch nog hieraan vasthouden: zulke mensen zijn werkelijk buiten Islam gevallen. Men moet voor ogen houden dat bovenstaande uitspraken alleen maar gemaakt zijn met als enige doel kennis over te dragen en niet om wie ook als *kufr* te bestempelen.

De geleerde is verplicht de moeite te nemen om het volk met welk middel ook, over de "Salafistische" afwijkende aard te informeren. Er zouden artikelen geschreven en verspreid moeten worden die hun agenda van *takfir* misinformatie aan het licht brengen. Vele moslims hebben gedurende lange tijd passief rondgezeten en geloofd dat de beweging eens zou wegvagen en verdwijnen in de leegte van hun eigen onwetendheid. In plaats daarvan is de groei als een gezwel onverminderd en ongehinderd blijven groeien. En voor hen die ondanks wat zij gelezen hebben nog steeds onzeker zijn betreffende het blootstellen van de groep, met als reden de eenheid te bewaren binnen Islam, laten zij dan maar eens nadenken over de volgende uitspraak:

Toen een aantal mensen Imam Achmed ibn Hanbal vertelde dat zij zich niet prettig voelde betreffende het bekritiseren van mensen die afgeweken waren in hun geloof, antwoordde hij: "als ik stil was gebleven, hoe zou de massa dan hebben geweten wat de waarheid was in tegenstelling tot valsheid?"[26]

Volgens de unanieme overeenstemming van Islamitische geleerden moeten zij die afwijkende literatuur en religieuze dogma's introduceren, tegengesteld aan de Koran en de Soenna en de overeenstemming van de geleerden, blootgelegd worden en de Islamitische gemeenschap tegen hen gewaarschuwd worden. Toen Imam Achmed gevraagd werd of iemand die vast, bid, en zich afzondert in de *Masjid,* geliefder was bij hem dan iemand die opstond tegen mensen die afwijken, antwoordde hij dat wanneer iemand vast, bid en zich afzondert, hij dit alleen voor zichzelf doet; maar als hij in opstand komt tegen hen die afwijken, hij dit voor de Moslims in het algemeen doet, wat dus veel nobeler is.

Hiermee eindigen wij dit veel te beknopte boek. Als u na het lezen hiervan gelooft dat het uw taak en verantwoordelijkheid is ten opzichte van Allah om uw broeders en zusters te waarschuwen, doe dit dan en wees dan geen stille toeschouwer: verspreid de waarheid zo goed als u kunt. Misschien dat u een ziel of twee kunt redden van de afwijkende vallen van de sekte.

We vragen Allah om ons allen het succes te schenken om de waarheid te herkennen, te begrijpen, te bewerkstelligen en ernaar uit te nodigen.

Vrede en Zegeningen zij aan de Profeet ﷺ,

---

[26] Gerapporteerd door Ibn Taymiyya in *Majmu`a al-rasa'il wa al-masa'il* (4:10).

zijn Familie en Metgezellen.
Wa al-hamdu lillahi
Rabb al-alamien

Over de Schrijver

Sheich Muhammad Hisham Kabbani is een befaamde auteur en religieuze geleerde, die zijn leven wijd aan het promoten van de traditionele Islamitische principes van vrede, tolerantie en het tegengaan van extremisme in al zijn vormen. De Sheich komt uit een zeer gerespecteerde familie van traditionele Islamitische geleerden waaruit de voorgaande hoofd van de Vereniging van Islamitische Geleerden in Libanon en de huidige Groot Mufti (Hoogste Islamitische Autoriteit) in Libanon.

Sheich Kabbani dient zelf als Voorzitter van de 'Islamic Supreme Council of America'; Oprichter van de 'Naqshbandi Sufi Order of America'; Voorzitter van de 'As-Sunnah Foundation of America'; Voorzitter van de 'Kamilat MuslimWomen's Organization'; en Oprichter en Directeur van *The Muslim Magazine*.

Sheich Kabbani is hoog opgeleid als Westerse wetenschapper en als geleerde van het klassiek Islam. Hij heeft een bachelor in Chemie behaald aan de Amerikaanse Universiteit te Beiroet en heeft medicijnen gestudeerd in Leuven, België. Hij is een meester in het Islamitisch Hoge Recht van Damascus, Syrië, onder het toeziend oog van Sheich Abd Allah ad-Dagestani. Hij ontving het recht te onderwijzen, leiden en adviseren van religieuze studenten in Islamitische spiritualiteit van Sheich Mohammed Nazim Adil, de wereldleider van de Naqshbandi Haqqani Sufi Orde.

Sheich Kabbani is de auteur van vele gepubliceerde artikelen en boeken. Zijn boeken, die in vele verschillende talen vertaald zijn, zijn o.a.: *Encyclopedia of Islamic Doctrine* (zeven volumes), *Angels Unveiled*, *The Naqshbandi Sufi Way*, *Encyclopedia of Muhammad's women Companians and the Traditions They Related* (met Dr. Laleh Bakhtiar), *Remembrance of God Liturgy of the Sufi Naqshbandi Masters*, *Liberating the Soul: A Guide for Spiritual Growth*, en *The Approach of Armageddon? An Islamic Perspective*.

Om een beter begrip voor het Klassieke Islam te promoten ontmoet Sheich Kabbani voortdurend met staatshoofden, mannelijke alsook vrouwelijke leid(st)ers van Islamitische en ook niet-islamitische landen, geleerden, religieuze leiders, geestelijke en ambtsdragers van alle religies.

Sheich Kabbani heeft in zijn strijd om de spiritualiteit, het begrip en barmhartigheid betreffende de familie van de mensheid te promoten twee internationale conferenties in de Verenigde Staten geleid, die beide vele geleerden over de hele wereld aantrokken.

De Sheich heeft zelf ook geparticipeerd in vele internationale conferenties en lezingen gegeven op verschillende hogescholen en universiteiten verspreid over de hele wereld. Als een stem voor het traditionele Islam is het advies van Sheich Kabbani vaak geraadpleegd door journalisten, academici en wereld leiders.

www.ingramcontent.com/pod-product-compliance
Lightning Source LLC
Chambersburg PA
CBHW052103070526
44584CB00017B/2319